LYON

SOUS CHARLES IX.

1560 — 1574.

Tiré à petit nombre.

NOTES ET DOCUMENTS

POUR SERVIR

A L'HISTOIRE DE LYON,

SOUS LE RÈGNE DE CHARLES IX,

1560—1574;

Par Antoine Péricaud aîné,

BIBLIOTHÉCAIRE DE LA VILLE DE LYON,

Des Académies de Lyon, Turin, Marseille, Dijon, Besançon, etc.,
Membre non-résidant du Comité historique, etc.

LYON,

IMPRIMERIE DE MOUGIN-RUSAND,

Halles de la Grenette.

1842.

Errata.

Page 5, ligne 41, *ei domo*, lisez : *ex domo*. — Page 6, ligne 2, *ut spectare*, lisez : *ut exspectare*. — Page 6, ligne 5, *confidenter*, lisez : *confidentes*. — Page 15, ligne 22, Wyer, lisez : Wier. — Page 19, ligne 25, *Narcissa Young*, lisez : *Narcissa Temple*. — Page 24, ligne 35, 1526, lisez : 1562. — Page 27, ligne pénult., pitió, lisez : piété. — Page 34, ligne 34, contraint, lisez : contraints. — Page 37, ligne 24, l'influence, lisez : l'exercice. — Page 42, ligne 4, meute, lisez : meurtre. — Page 42, note, ligne 1, qui le possédait, lisez : qui possédait. — Page 43, ligne 24, celui du mois de décembre, lisez : celui de décembre. — Page 43, ligne 49, en 1761, le Perron fut acquis, etc., lisez : le Perron fut légué, en 1762, à l'Aumône générale par Jean-Pierre Giraud, bourgeois de Lyon. — Page 44, ligne 35, St-Symplorien, lisez : St-Symphorien. — Page 47, ligne 35, *fortuiter*, lisez : *fortuitò*. — Page 50, ligne 39, C, lisez : Ce ; lignes 40 et 41, avoir fait de resserrer profession, lisez : avoir fait profession de. — Page 51, note, ligne 2, *Andrœ Fusii*, lisez : *Andreœ Frusii* ; même note, ligne 3, dont il dut se rappeler en 1667, lisez : qu'il dut se rappeler en 1567. — Page 54, ligne 34, ordonnance auparavant, lisez : ordonnance ou auparavant. — Page 55, ligne 6, et lieux, lisez : ez lieux. — Page 63, vers 2, *infuit*, lisez : *influit* ; vers 3, *caniis*, lisez : *canis*. — Page 64, ligne 1, Tissier, lisez : Teissier. — Page 66, ligne 15, *fluentam*, lisez : *fluenta*. — Page 69, ligne 25, qui fit, lisez : qui firent. — Page 84, ligne 27, *Scriptura*, lisez : *Scripturœ*. — Page 85, ligne 1, *Francix*, lisez : *Franciœ*. — Page 86, ligne 26, Sigulier, lisez : Singulier.

NOTES ET DOCUMENTS

POUR SERVIR A L'HISTOIRE DE LYON. [1]

Historia quoquo modo scripta delectat.
PLIN. JUN. *Epist.* v, 8.

1560-1574.

RÈGNE DE CHARLES IX (2).

1560.—*Décembre.* Une ordonnance de Charles IX, rendue à Orléans, octroie le réglement des pauvres de la ville de Lyon aux bourgeois et citoyens qui seront élus administrateurs de l'Aumône d'icelle, avec attribution de justice. *Conf. des Ord.*, p. 65; Menestrier, *Notes inéd.* ; Dagier, *Hist. de l'Hôtel-Dieu de Lyon*, I, 109.

1560.—*Décembre* 21. Antoine Giraud, docteur ez-droits, prononce l'oraison doctorale, et reçoit 20 livres pour ses honoraires.

1560.—Le cardinal de Tournon fait imprimer les statuts synodaux de l'Eglise de Lyon, *Statuta synodalia*, etc. (Lugduni, excudebat *Joann. Ausultus* (*Jean Ausoult*), 1560, in-4°). Voyez ci-dessus, *année* 1557, et ci-après, *année* 1566.

1560.—Lettres patentes qui permettent à Claude Gruippon de Guillien, escuyer, sieur de Sainct-Julian, d'ouvrir les mines et minières qu'il pourra trouver dans toute l'étendue du royaume. — Ce sieur de Sainct-Julian avait découvert un grand nombre de mines, tant au « pays de Beaujolois,

(1) Ces *notes ou documents* font suite à ceux que l'auteur a publiés dans *les Annuaires de Lyon*, de 1838, 1839, 1840 et 1841. Les articles signés M sont extraits des Mss. du P. Menestrier; ceux signés S sont tirés des Mss. de l'abbé J. N. Sudan.

(2) Ce prince, successeur de François II, parvint à la couronne le 5 décembre 1560, et mourut le 23 mai 1574.

« Auvergne et Lyonnois, qu'en Dauphiné, Languedoc, Provence, etc. ».
Recueil d'Isambert, xiv, 41.

1560. — «Les réfugiés de Florence, dispersés dans plusieurs villes de l'Europe, après le débris de leur naufrage, avoient fait à Lyon un consul et quatre procureurs pour retenir quelque chose de l'ancienne république, et s'étoient obligés vies et biens pour rétablir la liberté de leur patrie. Ils tenoient leur assemblée en une maison de Lyon, où depuis on a bâti les Capucins, et les meilleures familles de Florence y a voient part... ». P. Matthieu, *Hist. de François II*, p. 234.

1560 — *circa*. En ce temps-là, il existait à Lyon, tout à la fois, environ treize cabinets de médailles, ou du moins treize amateurs de numismatique ou d'archéologie, qui pouvaient avoir recueilli plus ou moins d'objets appartenant à ces sciences. Le célèbre Hubert Goltz a placé à la suite de son *Julius Cæsar*, Bruges, 1563, in-fol., une épître aux amateurs d'antiquités qu'il avait connus dans ses voyages, dans laquelle on trouve la liste des treize amateurs de Lyon. *Archives du Rhône*, viii, 144 ; C. B., *Nouv. mél.*, p. 42 et 57.

1561. — *Janvier* 21. Le Consulat ordonne au voyer de la ville de faire abattre les boutiques récemment bâties contre les murs de l'église de St-Nizier, et d'intimer au chapitre de St-Nizier, de payer les gages de l'exécuteur de la haute-justice, fixés à trente livres par année, à défaut de quoi on fera « vuider tous les merciers établis au devant de ladite église... ». — Ces gages avaient été alloués à l'exécuteur de la haute justice «pour lui « tenir lieu des droits qu'il percevoit, soit à chacune des portes de la ville, « soit au marché de St-Nizier, sur les vivres apportés par les paysans. » *Act. consul.* du 17 *juin* 1561 ; *Nouv. arch. du Rh.*, I, 51. Voyez ci-dessus au 30 *avril* 1560.

1561. — *Avril* 18, à 2 h. *et demie après midi*, François Giuntini, astrologue, né à Florence, le 7 mars 1522, arrive à Lyon. — Voici en quels termes le P. Menestrier parle de ce personnage dans ses *Notes chronologiques* :... «Giuntini, qui prenoit la qualité de docteur théologien, étoit un carme apostat. S'étant retiré à Venise, comme en un lieu de liberté, il y exerça, pour subsister, l'office de correcteur de livres, avec celui d'astrologue judiciaire, dont il faisoit profession... Il y fit connoissance avec Jacques Nardi, citoyen de Florence, qui avoit composé l'histoire de son pays depuis l'an 1444 jusqu'à 1551, et qui la lui donna à transcrire : Giuntini en fit deux copies, et en retint une pour lui. Un libraire de Venise, Louis Delli Avanzi, qui vouloit réimprimer la description de toute l'Italie, de Frère Alberti de Bologne, chargea Giuntini, en 1559, du soin de revoir cette nouvelle édition, et d'y faire quelques nouvelles additions ; mais des affaires fâcheuses obligèrent le moine apostat de quitter Venise, et de venir chercher en France, un asyle plus sûr que celui d'une ville où il commençoit à être trop connu. Arrivé à Lyon, il eut recours à son exercice ordinaire de correcteur de livres,... Et, comme il y avoit plusieurs marchands florentins riches et puissants, il trouva accès auprès d'eux, et tant par ses corrections de livres que par sa profession d'astrologue judiciaire, il amassa des sommes d'argent assez considérables. Il fit imprimer par *Thibaud Ancelin*, en 1582, l'histoire de Nardi, et la dédia *al molto magnifico M. Nicolo Arrighi, gentilhuomo fiorentino*. Il ajouta à cette histoire un *Discorso sopra lo stato della magnifica città di Lione*, et le dédia à un autre Florentin, *M. Zenobe Giovanini, nobil fiorentino*. Giuntini, prend dans cette dernière dédicace, le titre de *dottora theologo.* C'est au commencement de ce discours que, pour faire le philosophe et l'esprit fort, il dit qu'il a fait le changement de la demeure de Florence à celle de Lyon, d'autant plus volontiers qu'il sait que les anciens philosophes ont dit que tout le monde, à quiconque y naît, n'est qu'une ville, parce que le sage se fait son pays, en quelque endroit qu'il se trouve, que partout l'année est divisée en quatre saisons, que le soleil s'y lève le matin et s'y couche le soir ; que les étoiles se découvrent de tous les endroits où l'on est ; que l'homme naît et meurt partout, et qu'ainsi, il ne voit pas quelle différence, en cela, il peut y avoir entre Florence et Lyon... ». Ménestrier aurait pu ajouter que Giuntini fit l'horoscope des principaux personnages de Lyon, tels que Mandelot, M. de la Mante, Michel-Antoine de Saluces, Maurice du Peyrat, l'archevêque d'Espinac, etc., etc., tous assez bons ou assez simples pour croire à l'astrologie judiciaire, science à laquelle Giuntini, bien certainement, ne croyait pas, et qu'il n'exerçait que pour s'enrichir à leurs dépens.—Nous engageons M. Renouard à lire l'art. Giuntini, dans le *Suppl. de la Biogr. univ.*, et à rectifier ce qu'il a dit, p. xv de sa *Notice sur les Junte.* Voyez ci-après, *année* 1590.

1561. — *Mai 29.* Les échevins de Lyon enjoignent à François Coulaud, receveur de cette ville, de payer à Guillaume Guéroult, *poëte en latin et en françoys, la somme de six écus d'or, vallans quinze livres tournois,* parce qu'il avait dédié au Consulat de ladite ville, un *Traicté* fait ou traduit par lui, *sur l'administration des républiques.* — Au dos est la quittance et la signature de Guéroult. *Nouv. arch. du Rh.*, I, 52. — Guillaume Guéroult, s'il faut en croire Théodore de Bèze (*Vie de Calvin*), appréhendant d'être puni à Genève, à cause de sa vie scandaleuse, était venu chercher un asyle à Lyon, chez son beau-frère Balthazar Arnoullet, un de nos plus habiles imprimeurs ; mais la gratification qu'il reçut du Consulat, témoignerait qu'il menait à Lyon une vie plus régulière qu'auparavant. Il n'a point d'article dans la *Biographie universelle*, quoiqu'il en méritât un. On trouve la liste de ses ouvrages dans les *Bibliothèques* de La Croix du Maine et de du Verdier. M. Brunet en a décrit quelques-uns dans son *Manuel du Libraire.* L'abbé d'Artigny, *Nouv. mém.* II, 74, nous apprend que Guéroult était le *directeur* de l'imprimerie de Balthazar Arnoullet, qui avait aussi une librairie à Vienne en Dauphiné, et que c'est à eux que Servet s'adressa pour faire imprimer son *Christianismi restitutio*, etc., qui parut au commencement de 1553.

1561.—*Juin 5.* « Esmotion populaire.—Le jeudy, jour et feste du Corps de Dieu, cinquiesme juing mil cinq cens soixante vng. — Ledit jour, le peuple estant assemblé en l'esglise St-Nizier pour aller à la procession du précieux corps de notre Seigneur accoustumé estre porté chascun an led. jour : et Messieurs les conseillers de ladite ville ayant fait assembler dans l'hostel commun de lad. ville les deux cens arquebousiers pour obuier que aulcune esmotion et scandale ne aduint led. jour soubz ombre de la religion, suyuant les lettres du Roy : iceux arquebusiers conduicts par le capitaine noble George Renoard, estant en bataille en la place audeuant de lad. esglise durant que lad. procession passeroit : ainsi que messire Guy Esmyon, chanoyne de lad. esglise, qui portoit le ciboire ou reliquaire où reposoit led. précieux Corps de nostre Seigneur, sortoit de lad. esglise estant soubz le poille qui estoit porté par quatre prebstres habituez de lad. esglise, descendant de la calade tirant contre la rue de la Grenette, suruint un jeusne homme estrangier, nouuellement venu en lad.

ville, homme de mestier et de mechaniques, soy disant natif de Brye (sic), nommé Denys de Valloys (sic), lequel furieusement de faict aguet et propoz délibéré, comme il l'a confessé, se jecta sur led. chanoyne Esmyon, s'esforsant luy oster et arracher des mains led. ciboire ou reliquaire où reposoit led. précieux corps de nostre Seigneur, à quoy faire il auroit esté empesché par lesd. capitaine et arquebousiers qui l'auroient prins et rendu prisonnier es mains de la justice, et pour appaiser la fureur du menu peuple qui se seroit fort esmu et scandalisé dud. acte ainsi témérairement faict, luy auroient faict son procès, et après sa confession faicte, qu'il, seul, dès le jour precedant, auroit premedité, conspiré, et entreprins de ce jourd'huy arrascher des mains du prebstre led. précieux corps de nostre Seigneur qui seroit porté processionnellement, et pour ce faire, d'exposer sa vie, auroit esté exécuté led. jour audevant la porte de lad. esglise de St-Nizier, où après luy auoir couppé le poing, auroit esté pendu et estranglé en une potence et après mis en quatre quartiers et sa teste mise sur le pont de Saône. Nonobstant lequel scandale aduenu au devant de la porte de lad. esglise de St-Nizier, faict par led. de Valloix (sic), messieurs les lieutenans civil, cryminel et particulier, voyans et entendans que le menu peuple de la paroisse de St-Nizier se leuoit et mectoit la main aux armes, frappans, tuans, et mutilans tous ceulx qui se trouuoient emmy les rues qu'ils soubsonnoient estre huguenaulx sans cause, occasion ny connoissance de cause, ains seulement à la seulle et premyere parolle du premyer d'entre eulx qui appeloit ou cryoit *à l'huguenault*, seroient venuz auec les sergens tant de la seneschaussée que cour ordinaire dud. Lyon pour paciffier led. menu peuple, et pour ce faire auroient faict mettre en ordre envyron soixante desd. arquebousiers de la ville, qui marchoient premyers et après les banyères, torches et peuple de lad. paroisse St-Nizier où il y en auoit aulcuns qui portoient leurs espées toutes nues et bastons de toute sorte pour la tuytion et deffence des prebstres et gens d'esglise qu'ils firent marcher processionnellement à la manyere accoustumée jusques à l'hospital du pont du Rhosne, et dud. hospital, reuenant par la rue Merciere à lad. esglise de St-Nizier. A laquelle procession assistarent lesd. sieurs lieutenans, aulcuns des conseillers du siege présidial, Messieurs les aduocats et procureur du roy qui virent et furent presens qu'en ycelle procession y eust troys ou quatre esmotions populaires faictes par aulcunes personnes mechaniques, gens de mestiers et incogneuz qui disoient estre assemblez, et auoir pris les armes pour deffendre les gens d'esglise : la premyere esmotion faicte en la station qui fut faicte en la Grenette, entrant en la rue du Puys-Pelutz ; l'aultre auprès dud. Puys-Pelutz ; l'aultre auprès dud. hospital du pont du Rhosne, où Monsieur le secretaire de lad. esglise St-Nizier qui portoit led. reliquaire ou cyboire, pour l'esmotion et tumulte du peuple assistant à lad. procession qui estoit ainsi esmu et perturbé, fut contraint de se retirer dans l'esglise dud. hospital où l'on eust nouuelles que led. peuple du cousté de rue Neufve, durant que la procession de l'esglise St-Pierre y passoit, estoit entré par force dans le colliege de la Trinité appartenant à lad. ville et communauté de Lyon, duquel colliege ils auroient tiré et entraisné hors Me Barthelemy-Aneau, principal recteur dud. colliege, et après lui avoir baillé plusieurs coups d'espées, allebardes et aultres bastons sur sa personne, l'auroient inhumainement tué et orcis et layssé mort estendu au milieu de lad. rue, au grand scandale des petits enfants escoliers et aultres estudians aud. colliege. » *Régistre des actes consulaires de la ville de Lyon*, fol. xlv et xlvj. — Le document que l'on vient de lire, et que nous publions pour la première fois, ne laisse plus aucun doute sur la véritable date de la fin déplorable du malheureux Aneau. Cette date se trouve encore confirmée par un autre acte du Consulat qui, dans sa séance du lendemain 6 juin, commit quatre de ses membres, les sieurs Grollier, Faure, Sève et Gabiano «pour donner ordre au scandalle et meurtre aduenu à la personne de M⁰ Barthelemy Aneau, principal du collège de la Trinité, qui, le jour du Corps de Dieu, auoit esté occis par quelques personnes allant à la procession, où estant au deuant dud. collège par la porte et sur les murailles de derriere seroient entrez en icelle, et sur les galleries auroient trouué led. Aneau, principal, feignant le tenir du nombre des Huguenaulx, le comme dessus, l'auroient occis sans aucune information ni permission du juge... » — Voyez sur la fin tragique d'Aneau, Rubys, *Hist. de Lyon*, p. 389 ; Severt, *Archiepiscop. Lugdun.*, p. 400 ; Le Laboureur, *Maz.*, II, 11 ; P. de Saint-Romuald, *Trésor chronol.*, III, 519 ; Menestrier, *Eloge hist.*, p. 82 ; Colonia, *Hist. Litt.*, II, 673 ; J. Morin, *Hist. de Lyon*, V, 148 ; *Biogr. lyonn.*, art. ANEAU ; J. Demogeot, *Notice hist. sur le collége royal de Lyon* (Lyon, imprimerie de *Léon Boitel*, 1840). Voyez ci-après au 1ᵉʳ mai 1565.

1561. — *Juin 15.* Le Consulat, sur la requête de la veuve de Barthélemy Aneau, ordonne « que l'on priera la justice d'informer sur la vérité de l'homicide à la requête de ladite veuve et hoirs, pour après, selon la vérification qui en sera faite, en être fait poursuite et adjonction, ainsi que le Consulat verra être à faire par raison. » S. (Copie de C. B, x, 111).—Beauchamps, *Recherches sur les théâtres*, I, 558, et Cochard, *Notice sur Aneau* (*Nouveaux mélanges* de M. Breghot, p. 203), disent que la femme d'Aneau aurait partagé le sort de son mari, *si*, comme nous l'apprend le P. Menestrier, *Art des emblèmes* (Paris, 1684, in-8), *le prévôt de Lyon ne l'eût sauvée en l'emprisonnant*. Il est bien question d'Aneau, p. 10, de l'édition citée de *L'Art des emblèmes*, mais on n'y dit rien de sa femme. C'est Bayle, art. JUNIUS (Fr.), rem. E, qui a rapporté cette circonstance, que François Junius a consignée dans sa *Vie* écrite par lui-même (Voyez ses *Opera theologica*, I, 10). Ce François Junius, vulgairement appelé du Jon, né à Bourges, en 1545, faillit être tué, en même temps que B. Aneau, dont il était le disciple et le compatriote ; il ne dut son salut qu'à la fuite. Aneau, suivant Junius, ne fut pas la seule victime immolée en cette occasion à la fureur du peuple ; voici le récit de l'autobiographe : « ... *Nam cum excitato Lugduni tumultu ad S. Nicasii* (sic), *die festo (vocant) Corporis Domini sive Sacramenti, strages passim atque promiscuè in altera urbis parte, quæ inter fluenta Rhodani Ararisque sita est, ederentur : cœpit furibunda plebs, hos illos etiam domo rapere, et domum ipsam in qua tum agebam circumsidere arctissime, commota sacrificuli* πσπανο- φόρου *verbis, qui prædicabat, falso ei domo eadem exiisse hominem qui vim ipsi attulerat, et sacramenti sui delubrum effregerat. Tegebat autem sacrificulus hac defensione imprudentiam suam : id enim ipse fecerat, quum attonitus eorum numeris qui ex tumultu alibi cœpto obviam occurrebant ad arma, eosque inimicos ratus, se in domum quam primam apertam vidit proripuisset, suumque delubrum vel sacrarium, quod gestabat manibus, ad portam domus impetu magno allisisset. Atque hoc mendacium multis permagno constitit. B. Anulo erepta vita et aliis aliquot : Anuli uxor parum fuit quin a plebe in Ararim projiceretur, nisi interventu Catharini Joannis præfecti et angariorum equorum epistatæ liberata fuisset abductaque in carcerem : domus nostra armatis circumclusa et pressa tanquam in hostico. Prospectans quidam a muro molitor minatur mihi : me a se notum prædicat : non effugiturum è suis manibus pronuntiat : de summo pariete cui instabat contatur hasta, utrum commode in aream cum hastæ suæ fulmento insilire posset: ita exarserat in me, ut spectare non posset dum ad se apportarentur scalæ. Ego qui jam ter antica et postica porta fueram conatus effugere, ut vidi insanum hominem in me cogitare infestum irruere, adeo ad anticam portam, quam tum furiosi illi minime observabant, confidenter armatorum ordinibus, qui totius illi vici (Novum appellant) latera tegebant confertissimi: eaque porta effugio: per medios numeros armatorum currens, verberatus, pulsus, ex privatis aliquot ædibus, ex curia dejectus, tandem trans Ararim venio, in alteram partem oppidi, ubi silebant omnia, tumultu vacua atque clamoribus. Aberat tum ab urbe vir optimus Leonardus Pornasius (1), Piemantæ dominus ad quem certis de causis recipere me consilium erat. Qui gerebat negotia illius dubitans, re cognita, utrum ipsis aut mihi statio illa per illud tempus tuta futura esset, commodato me pallio instruit; ad curionem S. Irenæi, honestum et humanum virum, me deduci curat, ubi me jubet ad horam unam aut alteram subsistere. Inde extra oppidum abducor a quodam pædagogo, cui Georgio Colino nomen, et circumspicio utrum ex amicis quemquam ruri inventurus essem. Postquam vero jejunus plus satis oberrassem frustra, in ædes rustici cujusdam venio, non procul ab insula quæ in Arari supra Lugdunum est; rusticus ille excipit humanissime... Lugdunum reversus eo ipso die res meas recipio quascunque manus furum integras mihi reliquerant; et salutatis amicis, post aliquot hebdomadas, rebusque convasatis, revenio domum (Bituriges).*—Voyez aussi la Notice sur Junius, dans les *Mém.* de Niceron, XVI.

1561. — *Août* 4. Edit. de Charles IX, qui ordonne d'abattre et mettre par terre auvents, saillies, etc.

1561. — *Septembre* 25. Le sieur Gravier, député en cour par la ville de Lyon, écrit au Consulat: «... M. le maréchal de Saint-André n'est plus des « affaires ni du conseil; au moins il n'y est entré depuis quelques propos « fâcheux que le roi de Navarre eut avec lui, à cause de M. de Savigny « (l'abbé Antoine d'Albon), jadis son lieutenant à Lyon... ». —M. de Savigny qui avait tout récemment reçu ordre de se rendre à son archevêché d'Arles, et de quitter le gouvernement de Lyon, fut remplacé par François d'Agoult, premier comte de Sault, «l'un des plus sages et accorts mondains, et qui le mieux sçauoit dissimuler, qu'on eut sceu choisir en toute la court: car, quoy qu'en son ame, il adherast aux protestans, comme les effects le firent paroistre, il sceut si bien, en tout ce qui estoit de l'extérieur, trancher du catholique, qu'il n'y auoit nul qui l'en sceut juger estre autre. Il oyoit la messe à deux genoux; il se communioit toutes les bonnes festes, et se confessoit à ce tant renommé frère Ropitel, religieux de l'ordre des Frères mineurs,... tenu en ce temps-là, pour le fléau de Calvin et de sa secte à Lyon,... ». Rubys, p. 389; J. Morin, V, 152. — Le comte de Sault, né vers 1528, était fils de Louis d'Agoult de Montauban, et de Blanche de Lévi, fille du comte de Ventadour; il avait été élevé page de François Ier, en 1545, et avait épousé, en 1554, Jeanne de Vesc. Il était, en 1560, lieutenant de la compagnie de gendarmes du maréchal de St-André. Charles IX, auquel il avait rendu de grands services, érigea la terre de Sault en comté, peu de temps avant de l'envoyer à Lyon, où il arriva vers les premiers jours d'*octobre* 1561, avec le titre de «lieutenant pour le roi au

----

(1) Léonard *Pornaz* ou *Pourniaz*, seigneur de Piedmante, fut échevin en 1563, 64 et 65. Aneau lui avait dédié, en 1556, sa traduction du 3ᵉ Livre des *Métamorphoses d'Ovide.* C. R. *Nouv. mél.*, p. 197. Voyez ci-après, 31 *Janvier* 1568.

gouvernement du Lyonnois, en l'absence du maréchal de Saint-André. »
Guy Allard, *Hist. générale des familles de Bonne, Crequi, de Blanchefort,
d'Agoult*, etc., p. 105 ; Le Laboureur, *Maz.*, II, 15, 16 et 113.

1561. — *Octobre* 16. François d'Agoult, comte de Sault, nouvellement
nommé (en remplacement de M. de Savigny) lieutenant-général pour le
roi en la ville et pays de Lyonnois, en l'absence de Mgr. le maréchal de
Saint-André, arrive en poste à Lyon. Les échevins, qui étaient allés à sa
rencontre, l'accompagnent jusques en la maison du sénéchal, noble Thomas
de Gadagne, où il dîna.—Le même jour, dans la soirée, le comte de Sault
se rendit à l'archevêché pour y prendre son logement. Les échevins qui s'y
présentèrent, lui ayant remontré que l'on faisait journellement des prêches à la
mode de Genève, et qu'il était à craindre qu'il n'en résultât quelque émotion
populaire, le comte de Sault leur répondit qu'il en avertirait le roi, les
priant toutefois « attendant le bon vouloir de sa Majesté,... de contenir le
« peuple en paix et tranquillité, tant du côté des *protestans* que de Messieurs
« de l'église, pour obvier que aucun scandale n'advienne en cette ville. »
Notes de M. Sudan, qui fait observer que c'est pour la première fois qu'on
voit le mot *protestans* dans nos actes consulaires. — L'église protestante de
Lyon avait alors pour ministres Jacques Ruffi, les sieurs d'Anduse, Paiani,
Pagesi et Pierre Viret. Beze, *Hist. ecclés.*, III, 216.

1561. — *Octobre* 19. Le comte de Sault écrit au roi : Sire, Je n'ay vollu
faillir à vous faire entendre suyuant la despesche que je vous fis hier, l'estat
en quoy j'auois trouué les affaires de ceste ville quy ne sont pas sans grands
troubles, encores que par la vigilance de monsieur le seneschal et de vos
officiers, ils ayent empesché jusques ici qu'il n'y soyt suruenu grande esmotion. Cy est ce que voyant que ceulx qu'on nomme euangelistes à viure plus
ouuertement qu'ils n'avoyent accoustumé, ayant despuys quatre jours
auant mon arriuée acheté une maison (1), laquelle ils ont fait accommoder
et echaffauder pour s'y pouvoir tenir jusques au nombre de trois mil personnes y preschant et faisant leurs prieres ordinaires tous les jours à huys
clos, aussy allant aux baptistères en plein midy, accompagnez de deux ou
trois cens personnes sans armes, toutes lesquelles choses donnent occasion
au peuple de s'esmouuoyr, et sy n'estoyt la vigilance qu'on s'y use et a-t-on
procédé par cy deuant, il en fust suruenu quelque scandalle. Et pour vous
faire entendre, Syre, comme je y ay procédé despuys mon arriuee : après
auoir faict assembler les gens de vostre justice et le corps de la ville, j'ay
envoyé queryr ceulx de ceste religion. Leur ayant commaudé de se désister
de prescher et mesme en ce lieu quy sembloyt estre erigé comme ung temple,
jusques à ce qu'aultrement il n'aparust de la voullanté de vostre majesté : à
quoy ils m'ont faict responce qu'ils voulloyent demeurer tres humbles sujects
et obeyssans, mettant leur vie et leur bien pour vostre majesté, mais quant à
leur ame l'auoyoient desdiée à Dieu. Et voyant leur obstination, je n'y ay
vollu aultrement proceder que premièrement je n'eusse aduerty vostre majesté tant pour ce qu'il ne me seroyt possible de les empescher sans user de la
force, de laquelle il me semble ne m'estre loysible, veu qu'il fauldroyt que
m'aidasse du peuple qui emmorroyt vne esmotion telle d'où sensuyuroyt la

(1) Cette maison qu'on nommait la *Générale*, était située au coin de la place des
Cordeliers et de la rue de la Grenette. C'est la veuve de Jean Chastelier, trésorier général
de Piémont, qui l'avait vendue aux Protestants. Colonia, *Hist. litt.*, II, 638; *Alm. de
Lyon* de 1756, p. xxxix; C. B., *Dict. des rues de Lyon*, art. *Générales (rue des)*.

8

totalle ruyne de cette poure ville , **sans** l'effusion de sang de beaucoup de gens. Dans lesquelles choses tant pour l'importance qui touche au service de vostre majesté que aussy pour estre aduerty de vostre voullanté , je vous supplieray tres humblement me commander clairement comme il vous plaict que je m'y conduise , afin que , suyuent icelluy , je le mette en execution et puisse tenyr vostre peuple en bonne obeissance et en paix et union , supplyant le Createur vous donner, Syre, en santé, tres heureuse et longue vie. De Lyon , ce xix d'octobre 1571. » — Le P. Colonia (*Hist litt.* , ii , 640), ne nous a donné qu'un extrait de cette Lettre qui nous a paru assez intéressante pour être publiée en entier. C'est la première du *Registre* que possède la bibliothèque de Lyon , *des 35 lettres et despesches* adressées au Roi par le comte de Sault , et dont la dernière porte la date du 30 juin 1562. Comme elles sont encore inédites, du moins nous le croyons , nous les donnerons sous leurs dates. Peut-être reconnaîtra-t-on , en lisant cette correspondance , que le comte de Sault, quoiqu'il ait abjuré plus tard la religion de ses pères pour faire cause commune avec les Protestants , ne mérite pas le reproche que lui ont fait Rubys, Menestrier et Colonia , d'avoir livré la ville de Lyon aux troupes du baron des Adretz.

1561. — *Octobre* 27. Le comte de Sault écrit au roi : « Syre, Despuys la derniere despesche que j'ay faicte à vostre majesté par vng mien gentilhomme exprez , samedi dernier, messieurs du chapitre de l'esglise de Lyon auec les officiers de monsieur l'archeuesque et quelques bourgeoys me firent les resmonstrances quy sont contenues en vng cahier de papier que j'enuoye à vostredite majesté auec l'acte que je demanday de la presentation d'icelles quy est au present. Et par ce , Syre , que je congneuz par la teneur desdites remonstrances, que, entre aultres choses, ilz se plaignoyent de ce que aulcuns de l'esglise prestendue refformée , en ceste ville , portoyent les armes et en faisoyent amas , ce que de leur part pour eulx preualloyr à l'encontre desdicts sectateurs de ladite esglise ils tendoyent à fin qu'il leur feust permis de porter les armes. Pour obuier à tout escandalle, ayant le tout premierement communiqué aux gens et officiers de vostre majesté en ce siege, et heu sur ce leur aduis lequel j'envoye aussi deuers vostre majesté , je manday le jour d'hyer venir par deuers moy toutes les parties , et après plusieurs remonstrances que leur feis de l'obseruation des edicts et ordonnances de vostre majesté et commandement de les garder de poinct en poinct sur les peines y indictées. Finablement d'une part et d'autre, ils declairarent qu'ils entendoyent d'estre et voulloyr demeurer toutes leurs vies tres bons et tres loyaux subjects et seruiteurs de vostredite majesté et fairoyent d'une part et d'aultre cesser ledit port des armes. Et me presentarent ceulx de ladite esglise refformée la requeste que j'enuoye pareillement à vostredite majesté, pour, sur le tout, pourueoyr et me commander ses bons voulloyrs et plaisirs, par ce, Syre, que je doubte fort que ces partialitez et diuisions apportent une grande ruyne de la ville par diminution de commerce ordinaire , comme il se veoyt de jour en jour , et enfin crainte de ne pouuoyr contenir de telle façon les vngs et les aultres qu'ilz ne prennent les armes et viennent aulx mains, tant ils semblent anymez et bandez. Et par ce plairra à vostredite majesté, Syre, m'ordonner particullierement sur le contenu desdites requestes et remonstrances ce que luy semblera meilleur pour le bien de son seruice pour lequel je feray tout ce que me sera possible en ce monde , comme tres humble et tres obeissant subject et seruiteur d'icelle.

« Syre, je supplye le Createur, etc. De Lyon ce xxvij° d'octobre 1561. »

1561. — *Octobre* 30. Le comte de Sault écrit au roi : « Syre, Sur ce que je mettoys peine de m'informer et bien recongnoistre l'estat des affaires de ceste ville, et ce, entre aultres choses, qui concerne le bien du seruice de vostre majesté et du reppoz publique, je receuz hier sur le tard les lettres qu'il auoyt pleu à vostredite majesté m'escripre du xxiiij⁰ du présent, par lesquelles j'ay congneu vostredite majesté, par aduis ou aultrement, auoyr doubté qu'il y ayt en ceste ville quelques soldartz secretz en sejour, dont pour n'auoyr peu entendre le desseing, vostredite majesté, m'ordonne m'enquerir plus amplement pour luy en rendre compte, ce que je suis après faire, Syre, et continueray tant que j'espere en sauoyr la nue vérité, dont je ne fauldray certifier incontinent vostre dite majesté. Pour laquelle neantmoins rellever de peine contre l'oppinion que dessus, je certifieray ce pendant que à mon arriuée en cedit lieu je y ai trouué quelques gentilzhommes cappitaines bien congneuz attendant icy monsieur de Nemours quy s'en va en Sauoye, et aussy y trouuay le comte de Collini qui y a faict sejour par l'espace d'environ deux moys tant pour le faict de la traicte des grains de monseigneur de Sauoye, que pour aultres siens negoces et affaires, car il est tenu pour grand negociateur. — Et pour m'asseurer du costé des fortifications de cestedite ville, me suys transporté tout à l'envyron d'icelle, lesquelles j'ay trouué du cousté le plus doubteux qu'est du Rosne, fort ouuertes et mal remparées, et seroyt bien acquis pour la sureté de la ville y faire besongner en bonne diligence s'il playt à vostre majesté ordonner aydes pour ce faire, pour ce que le recepuenr desdites fortifications m'a dit qu'il n'a que trois mil liures à amplier en cest endroit, quy est bien petite somme heu esgard à la reparation qu'il y appartient faire, sur quoy vostredite majesté ordonnera ce que luy plairra.

« Syre, je supplye le Créateur, etc. De Lyon, ce xxx⁰ d'octobre 1561. » Colonia, II, 641.

1561. — *Novembre* 3. Le comte de Sault écrit au roi : « Syre, Je receuz hier tant par le gentilhomme que j'auoys envoyé deuers vostre majesté, que par le cheuaulcheur porteur des presentes, les lettres qu'il a pleu à vostredite majesté m'escripre, le contenu desquelles ayant mys à execution, je vous en feray, Syre, une plus ample despesche en peu de jours, aduisant ce pendant vostredite majesté que, Dieu graces, les affaires de ce lieu passent en assez bonne sillance et repoz où je m'essayeray de tout mon pouuoyr les entretenir, ayant au surplus, Syre, mys entre les mains du poste de cette ville, la despesche que faict vostredite majesté à Monsieur de Bordilhon, et donné bien exprès commandement audit poste d'en faire le debuoyr, comme estant ladite despesche de grande importance au bien de vostre seruice, ce qu'il m'a asseuré faire comme j'espere vostredite majesté sera deument certifiée en peu de jours.

«Syre, je supplie le Créateur, etc. De Lyon, ce iij⁰ de novembre 1561. »

1561. — *Novembre* 12. Le comte de Sault écrit au roi : « Syre, je receus le deuxiesme du present les lettres tant closes que pattentes qu'il a pleu à vostre majesté m'envoyer du xviij⁰ du passé par le gentilhomme que j'auoys enuoyé deuers icelle et entendu par icelluy la creance que lui auez commise à me dire. Pour à quoy pourueoyr, mesme à faire vuyder du lieu prochain de l'hostel commun de cette ville ceulx de l'esglise pretendue reformee, je leur feis entendre l'intention et vollunté de vostredite majesté estre qu'ilz s'en despartissent ; ce qu'ils ont faict, et se sont retirez en deux aultres endroicts de ceste ville où ilz font presche puys un jour ou deux. Sabmedy dernier je feis publier tant en jugement que publiquement à son de trompe par les carrefours de ceste ville, le contenu desdites lettres patentes, et pour regarder du moyen que l'on pourroyt tenir pour les faire garder et obseruer mesme en ce quy concerne la retraite particulliere des harquebouses, pistolles et pistolletz, je manday tant ceulx du clergé, de la justice, que du corps et consulat de la ville, pour ensemblement déliberer dudit faict, lesquelz après en auoyr chascun particullierement donné leurs aduys, je trouuay tous de tres bonne vollanté à obeyr et satisfaire au contenu desdites lettres ; mais me remontrarent que l'importance de ladite execution gisoyt aulx nations estranges lesquelz ne pourroyent aisement porter la recherche et transport de leursdites armes en danger de leur donner quelque occasion de s'en aller, et diminuer par ce moyen le commerce et traffic ordinaire des marchandises. Ce neantmoins et parce qu'il est ordonné en ce lieu d'auoyr penons et quaterniers quy tiennent roolle en chascun quartier que leur est distribué du peuple qui y habite, je feis faire commandement à cry publique à tous manans et habitans de ceste ville qu'ilz et chascun d'eulx en son quartier eussent dans trois jours à metre es mains desdits penons ou quaterniers toutes et chascunes des harquebouses, pistolles et pistolletz qu'ilz ont par deuers eulx pour après estre mises par inuentaire au lieu que je leur ordonneroys, et oultre ce bailler par declaration toutes les aultres armes qu'ils ont en leurs maisons et puissances, et après les serrer et mettre si seurement que leurs enfants et seruiteurs n'en puissent porter sinon par la forme prescripte par lesdites lettres sur les peines indictées par icelles ; à quoy lesdits penons commencent à vacquer, et y feray proceder, Syre, le plus dextrement que me sera possible, contenant tousjours les bons et obeyssans en leur debuoyr, et faisant paroyr par potences plantees en certains carrefours, la peine preparee aux contreueuants et refractaires : et n'y feray chose dont je ne donne souuent aduiz à vostredite majesté, de laquelle j'ay aussi receu les lettres du troisiesme du present auec vng double de l'assurance que ceulx de Dieppe ont baillé à monsieur de *Boillon*, de quoy ceulx de l'esglise pretendue refformée en cedit lieu me font reffuz de faire le semblable qui m'augmente de plus l'esperance de contenir le tout en paix et repoz, à qnoy je metray toute peine et diligence que me sera possible. Et m'a esté remonstré, Syre, par les prevosts des mareschaulx, lieutenant de robbe courte et aultres officiers de vostre justice en cedit lieu, que si le port desdites harquebouses, pistolles ou pistolletz leur est prohibé, il leur sera tres dangereulx de pouuoir exercer leurs estats et offices piour la hardiesse que prendront les malvivantz de leur courirsus mesmes ez enuyrons de ceste ville où ilz ont faict ce qu'ilz ont peu pour aprehender aulcuns voleurs tenans les champs dont aulcuns desquelz sont apres eschappez et esuadez des prisons que ne s'estudieront à rien mieulx que à tuer lesdits preuost, lieutenant de robbe courte ou ses dits archers. Sur quoy plairra à vostredite majesté bien penser, car aultrement je ne les pourroys employer en aulcuns lieux où ilz se vouloissent transporter se librement que s'ils se voyent garnys desdits harquebouses, pistolles ou pistolletz. Aussy est à considerer, Syre, que les troys maisons et compaignies de banque en ceste ville auxquelles vostre majesté a permis, en faisant venyr d'Espaigne et entrer en ceste ville de Lyon, jusques à la somme de seize cent cinquante mil escuz, pistollets, d'en pouuoyr tirer et sourtyr les deux tiers, ont jusques ici tyré et sorty de grandes parties pour Ytallie et Bezançon quy pourroyt importer et venyr à consequence au bien du service de vostre majesté, de quoy je l'ay par ce bien voleu aduertyr pour peser ce faict ; car il ne vous reste que vng tiers desdites sommes, et les estrangers en ont deux quy est le double et plus grand moyen de subside en temps doubteux, sur quoy vostre majesté m'ordonnera ce qu'elle verra meilleur pour le bien de sondit seruice si lui plaist.

« Syre, je supplye le Createur, etc. De Lyon, ce xij° novembre 1561. »

P. S. « Syre, apres les presentez escriptes les nations m'ont porté la requeste que j'envoye à vostre majesté, comme aussi ont faict ceulx de l'esglise pretendue refformée de ceste ville, auxquelles mesmes quant à celle desdites nations, je n'ay voleu faire aultre response que celle qu'est contenue au bas de leur requeste jusques à ce que vostre majesté m'ayt ordonné là dessus ce que luy plaira pour obuier à quelque jalosie qve ceulx de la ville quy sont voz naturelz subjects en pourroyent prendre. »

1561. — *Décembre* 5. Le comte de Sault écrit au roi : « Syre, Parce que votre majesté pourroyt auoyr quelque doubte des affaires de par deçà par diuers proppoz que plusieurs sellon leurs passions pourroyent escripre et semer tant par lettres que aultrement, j'en ay bien voleu faire entendre le nayf à vostredite majesté, vous aduisant, que ayant entendu que de la part de monseigneur de Sauoye estoyent approchez de cette ville soixante ou quatre vingtz cheuaulx ne sçachant à quelle fin, j'enuoyay incontinent la part où ils estoyent quy est à Mirebel, lieu de l'obeyssance dudit seigneur, distant de ceste ville de deux lieux, vng gentilhomme mien pour scauoir recongnoistre et me rendre compte que estoyt : mais aduant son retour et arriuée, vint par deuers moy le sieur de Montfort, l'un des depputez de la part dudit Sr de Sauoye (pour ce que passe entre vostre dite majesté et son haltesse), lequel me dict qu'estant venu à sa congnoissance que l'on faisoyt en cette ville quelque doubte de la susdite trouppe et que ce fust à maluaise fin, il m'en voulloyt bien asseurer, et par ce me dict que pour l'assurance des titres et documentz que ledit seigneur de Savoye faisoyt apporter en ce lieu, son conseil auoyt faict suyure et accompaigner lesdits titres et pappyers par quelque nombre d'hommes à cheual jusques audit lieu de Mirabel où s'estant trouué ladite compagnie bien plus grande que n'auoyt ordonné ledit conseil, incontinent lesdits depputez à leur arriuée audit lieu l'auroyent reduicte à dix cheualx qui accompagnoyent lesdits titres et pappiers jusques en ceste ville, comme leur auoyst ordonné ladite haltesse, ainsy que m'a dict ledit de Montfort, ou par ce je ne veoy, Sire, que doubter ne craindre. Et sy aultre chose suruient de ce cousté là plus important au bien de vostre dit seruice, je ne fauldray en donner incontinent aduis à vostredite majesté. — Et parce que je veoy bien que l'execution de vostre ordonnance sur le faict de la retraicte des armes à feu pourra auoyr long traict en ce lieu, et que à vng besoing vos subjects en icelluy en pourroyent demeurer en nécessité, j'en ai bien voleu aduiser vostredite majesté pour y pencer et regarder de quelque aultre moyen de prévision pour le reglement de ce dit lieu, parce que, aumoyen des estrangers, il ne se peult manyer comme les aultres, encores que aulcuns ayent obey à ladite ordonnance baillée par declaration et mys leursdites armes à feu entre les mains de leurs penons, sur quoy plaira à vostredite majesté pencer et m'ordonner pour son contentement ce que j'auray à faire là dessus, n'ayant pour ceste heure aultre chose, dont je doive aduertyr vostredite majeste, et par ce je supplye en cest endroit le Createur vous donner, etc. De Lyon, ce v° decembre 1561.

P. S. « Syre, par ce que depuys les dernieres lettres que j'ay escriptes à vostredite majesté touchant les desniers qui sourtroyent par sa permission pour aller en Ytallye et ailleurs hors ce royaulme montant lhors jusques à la somme de seize cens cinquante mil escuz, s'est présenté vng aultre party de six cens mil pour vng nommé Bernardin de ceste ville, je n'ay vouleu faillir aduertyr vostredite majesté, que en ce temps lesdites parties montantz deux millions deux cent cinquante mille escuz dont ne vous en reste que le tiers, encores que les desniers viennent d'Espagne pourroyent bien accommoder les estrangers et y pourroit auoyr quelque prejudice pour ce nerf quy est le principal de toutes entreprises et que pour vng qu'il vous en couste ilz en ont deux, par quoy plairra à vostredite majesté y bien pencer et me resoldre de ce que j'en arey par cy apres à observer : car ceulx quy ont lesdites parties s'en servent journellement de bien grandes sommes d'aultant qu'il est dict par leurs lettres et privilleges qu'ils les peuuent sourtyr à vne ou plusieurs fois. »

1561. — *Décembre* 21. M. de Sault mande en son logis, Antoine Vincent, Barthelemi de Gabiano et le sieur *Mole*, notables protestants, et les y met aux arrêts pour n'avoir pas satisfait à l'ordre qui avait été donné aux protestants de ne plus tenir leurs prêches dans la ville. Les notables arrêtés s'excusent sur ce qu'ils avaient usé en vain de leur influence pour faire cesser les prêches, ayant eux-mêmes déclaré qu'ils s'en absenteraient jusqu'à ce que M. le duc de Crussol qui devait apporter les ordres du roi, fût arrivé. M. de Sault commet aussitôt un capitaine de sa maison, deux conseillers et les sieurs de Gabiano et Vincent, « pour aller en la maison du sieur de Myons où se « faisoient les assemblées et prêches remontrer aux prédicants qu'ils eussent « à obéir aux commandements qui leur avoient été faits, leur déclarant « que dans le cas où ils ne voudroient pas obéir, le gouverneur assemblerait « les forces de la ville et celles du roi pour leur courir sus comme rebelles. » Les deux prédicants déclarent qu'il est de leur devoir de se transporter là où le peuple est assemblé dedans ou hors la ville ; qu'en cela ils ne désobéissent en aucune manière aux ordres du roi. J. Morin, v, 156.

1561. — *Décembre* 23. Le duc de Crussol arrive à Lyon pour s'instruire de la véritable situation de cette ville et en rendre compte au roi « qui l'avait revêtu de toute l'autorité nécessaire pour remédier aux maux les plus pressants. » Colonia, ii, 643.

1561. — *Décembre* 24. Le comte de Sault écrit au roi : « Sire, ayant receu par cy deuant les lettres qu'il a pleu à vostre majesté m'escripre du xxviij° du passé par lesquelles entre aultres choses vostredite majesté, ayant veu ce que je luy auoys escript par mes dernieres lettres du xij° dudit moyspassé sur la manyere de proceder au faict des presches en deux endroicts de la ville par ceulx de la nouvelle religion après s'estre despartis du logis qu'ilz auoyent prins près l'hostel commun de la ville, m'auroyt escript que par ce qu'il estoyt grandement à craindre que s'estant ainsi despartys en divers endroicts, cela ne engendra et suscitast parmy le peuple quelque mutination et escandalle, vostredite majesté desirroyt bien pour à ce remedier qu'ils sortissent et se retirassent ez fortz bourgzzou ailleurs hors la ville, comme auoyent faict et faisoyent ceulx de Paris, Orleans, Bloys et aultres bonnes villes, à quoy je les persuaderoys et fairoys en sorte qu'ilz en usassent de mesmes de paour des inconuenients, suyuant les lettres de vostredite majesté. Et aduant qu'en voulloyr donner cognoissance aux aultres de la ville, j'auoys mandé ceulx qui m'auoyent cy-deuant présenté la requeste et remonstrances par forme d'asseurance et declaration d'obeissance de ceulx de ladite reli-

gion, et leur ayant faict veoyr et peser les voulloyr et intention de vostredite majesté et les raisons qui à ce la mouuoyent, je leur auroys persuadé
et exhorté le plus amiablement que m'auroit esté possible de suyvre le contenu desdites lettres de vostredite majesté pour euiter les inconuenients quy
s'en pourroyent ensuyure, et ce leur auroys reyteré par plusieurs foys, en
tant qu'enfin ilz m'auroyent accordé de faire sortir et aller faire prescher
hors la ville leurs mynistres, comme ilz en auroient monstré quelque conte-
nance par effaict, et seroyent allez en partie par quelques jours au fort bourg
de la Guillotière au delà le Rosne, mais despuys meuz de quelque mauluaise volanté et oppiniastreté se seroyent desistez d'aller plus hors ladite
ville et seroyent reuenuz en leur logis accoustumé où ilz ont faict et
font presché tous les jours et quelquefoys deux foys le jour. De quoy
aduerty, j'ay derechef par plusieurs foys mandé ceulx quy m'auoyent faict
ladite promesse et declaration, les sommant d'obseruer le contenu en
icelles, et, en ce faisant, faire deffendre lesdits presches en la ville, sur
peine de desobeissance à vostredite majesté, à laquelle ilz respondroyent de
tout ce que seroyt par ceulx de ladite nouuelle religion qu'ilz prethendoyent
representer, attenté au préjudice des inhibitions par moy à eulx faites de plus
prescher en ladite ville, attendu la commotion qui estoyt entre le peuple,
obéissant et ayant observé le contenu dez esdicts et ordonnance de votre-
dite majesté, que je ne pouuoys plus contenyr qu'il ne leur courut sus, ce
quy viendroyt au grand escandalle et ruyne de ladite ville, dettriment et
tres grand prejudice du bien et seruice de vostredite majesté, et par ce au
peril eminent de leurs vies pour estre subjects astrainctz et tenuz d'en respondre, comme ayant stipullé et promis toute obeissance et deue reverence à ce que leur seroyt par moy ordonné et commandé pour le seruice
de vostredite majesté, mesmes en ce faict quy est d'importance et tres
grande consequence pour le reppoz de la ville. Et voyant, Sire, que lesdits
depputez ne pouuoyent que faire en cest endroict, j'enuoyay deuers ceulx
de lad. pretendue religion refformée, assemblez en presche, troys des conseillers de la ville auec vng gentilhomme mien pour entendre d'eulx s'ilz
ne voulloyent obeyr et sortyr de la ville ou desister de prescher en icelle,
ce qu'ilz auroient declaré ne pouuoyr faire comme estant chose contraire à
la vollanté de Dieu ne de vostre majesté, demandant veoyr lettres patentes d'icelle prohibition desdits presches, aultrement ilz persisteroient en
iceulx, bien scaichant qu'il n'y auoyt aulcunes semblables lettres ny commandement exprès de les faire vuyder. Et à la verité, Sire, les lettres de
de vostredite majesté ne contenoyent ledit exprès commandement, comme,
soubz la reverence de vostredite majesté, elles debuoyent, pour donner
plus d'aucthorité et de pouvoyr aulx commis et ministres d'icelle de la faire
obeyr. Et là dessus je recoys sans cesse requeste tant du clergé que du
reste dn peuple de la ville pour faire cesser et desister lesdits presches, ce quy me fait doubter, Sire, que s'il n'y est bientost procédé par
vostredite majesté, ou par lettres en tres exprès termes, clauses et con-
ditions pour les faire vuyder avec impositions de peine ou par les forces
militaires, il sera tresmal aisé de se seruir de ceulx de la ville, par ce qu'ilz
sont desja assez animez de ne les puys guieres plus contenir qu'ilz ne
viennent aulx mains contre ceulx de ladite religion pour les exterminer,
chose quy seroyt par trop dommaigeable et d'interest au bien du seruice
de vostredite majesté pour l'effusion du sang quy s'en pourroyt ensuyvre
et la pernicieuse consequence de l'exemple aulx aultres endroicts du
royaulme. Par quoy, Sire, après qu'il aura pleu à vostredite majesté estre

bien informée de tout ce qu'est passé jusques icy en ce lieu par le proces-
verbal que je luy enuoye, luy plaira me faire entendre sur le tout ses bons
voulloyrs et commandemens que je mettray peine à suyvre en tant qu'elle
puisse auoyr contentement, — Sire, je supplie le Createur, etc. De Lyon
ce xxiiij° de décembre 1561. »

1561. — *Décembre 26.* Le comte de Sault écrit au roi. « Mon souverain
seigneur, Sire, je receuz hier par la main de monsieur de Crussol l'ordre
dont a pleu à vostre majesté m'honnorer, à l'augmentation de l'honneur et
aucthorité duquel et de ce qui concernera le bien et seruice de vostredite
majesté, Sire, j'espere faire tel debuoyr sans y espargner aulcune chose
que j'aye en ce monde, ains ma propre vie. Vostredite majesté en aura
contentement, et sur ce remerciant tres humblement vostredite majesté,
je supplie le Createur, etc. De Lyon ce xxvi° décembre 1561. »—La veille,
jour de Noël, le comte de Sault avait reçu, dans l'église de Saint-Jean et
pendant une messe solennelle, le collier de l'ordre de Saint-Michel, des
mains d'Antoine de Crussol, premier duc d'Uzès. Rubys, p. 391 ; Colonia, II, 645.

1561. — *Décembre 28.* Les protestants transportent leurs prêches à la
Guillotière. Colonia, II, 645 ; J. Morin, v, 157.

1561.—*Décembre 29.* Le comte de Sault écrit au roi : « Syre, estant arriué
en ce lieu monsieur de Crussol, je lui ay faict amplement entendre comme
les affaires y passoyent, mesmes ceulx du faict de la religion, et la lecture du
procesverbal dont j'ay naguieres enuoyé une coppie a vostre majesté, et ce
faict, à ce que les commandements de vostre majesté fussent mys à execution nonobstant le reffuz d'y obeyr qu'auoyent au parauant faict ceux de
de la nouuelle religion. Auons ledit sieur de Crussol et moy tant persuadé
les principaux d'entre eulx, que finalement ils sortirent le jour d'hyer au
nombre de six à sept mil, et firent trois presches au fort bourg (sic) de
Laguilhotiere au delà du Rosne, où je m'essayerai de les contenir pour le
faict desdicts presches le plus qu'il me sera possible : mais je doubte, Sire,
que estant le nombre si grand, et ayant à sourtyr deux ou trois foys le
jour par la porte du pont du Rosne pour aller audit fort bourg de Laguilho-
tière, passans en trouppes par le trauers de la pluspart de la ville, comme il en est
de besoing, ilz s'attachent de parolles et de faict auec les aultres de lad. ville
et enfin viennent aulx mains, ce quy ne se peult faire sans grand desordre
et scandalle : et partant, pour à ce obuier, considerez aussi qu'il n'y a qu'un
autre fort bourg hors ladite ville sans aultre lieu proche d'icelle pour les
acommoder, il plaira à vostre majesté, Sire, penser du moyen que se
pourra d'ailleurs tenir en cest endroit pour son contentement, et m'en faire
entendre sa vollanté sy luy plaist par ses lettres bien expresses et le plustost
pour le danger que je voy pouuoyr aduenir en la demeure et retardation,
dont la reparation seroyt bien mal aysée à faire, et aussy pour donner
quelque asseurance aulx estrangers sur le doubte qu'ils font d'une esmotion
popullaire et discontinuation du commerce ordinaire où vostre majesté,
Sire, pourroyt aussi beaucoup souffrir incommodité et perte pour la diminution de son revenu ordinaire en ce lieu. Sur toutes lesquelles particularitez j'attendray les commandements de vostre majesté ; contenant tousiours
en reppoz et tranquillité la ville, à ce que aulcung desordre n'y aduienne, et
à ce que suruiendra ne fauldray tenyr souuent aduertie vostredite majesté.
— Sire, je supplye le Createur, etc. De Lyon, ce xxix de decembre 1561. »
Colonia, II, 646.

1561. — Gabriel de Saconay, précenteur de l'Eglise de Lyon, un des plus ardents antagonistes de la Réforme, publie une nouvelle édition de l'*Assertio septem sacramentorum adversus Lutherum*, attribuée à Henri VIII, roi d'Angleterre (*Lugduni, Guill. Rovillius,* in-4°). La préface placée en tête de cette édition excita la bile de Calvin qui publia, la même année, contre l'éditeur, une diatribe dont M. Audin nous a donné une analyse dans le chapitre XVIII de son *Hist. de Calvin.* « Honneur à Gabriel, s'écrie M. Audin, en termi-
« nant ce chapitre, honneur à Gabriel dont les écrits exercèrent une si
« grande influence sur les instincts religieux de ses concitoyens ! Il a bien
« mérité de l'Eglise et du pays. Que l'Eglise l'inscrive parmi ses défenseurs
« les plus éloquents, et que Lyon lui réserve la couronne qu'elle doit au
« patriote qui la sauva du joug de la Réforme !... Otez, ajoute M. Audin,
« ôtez de Lyon Gabriel de Saconay, le P. Henrici, de l'ordre des Cordeliers,
« le P. Pyrus et le P. Maheu, Jacobins, le P. Ropitel, de l'ordre des Mi-
« nimes, le P. Possevin, Jésuite, et cette cité n'appartiendra plus à la
« France : en perdant sa foi, elle perdra sa nationalité. »

1561. En ce temps là, vivait à Lyon un imposteur nommé Pierre Bra-
bançon (ou Barbançon) qui parlait du ventre à volonté, faisant accroire que c'était la voix d'un mort qui demandait que l'on fît quelque chose pour lui. Il trompa une fille de Paris qu'il voulait épouser, et le fils d'un riche marchand de Lyon duquel il tira six mille francs, afin d'aller faire, à la Terre-Sainte, un pèlerinage pour le repos de l'âme de son père. Wyer, *Prestiges,* livre II, ch. 14. M.

1561. — Séjour à Lyon de Denis Lambin. — Cet illustre critique y publia, à son retour de Rome où il était allé avec le cardinal de Tournon, la pre-mière édition de ses Notes sur les Odes d'Horace, *apud Joann. Tornæsium,* in-4°. La dédicace de l'auteur à Charles IX, est datée de Lyon, *Idib aprilibus,* anno clɔ. lɔ. LXI. — M. Renouard s'est trompé lorsqu'il a dit, *Annales des Alde,* p. 201, que l'édition de Venise, 1566, in-4°, contient une préface à François, cardinal de *Tournay* ; c'est *Tournon* qu'il fallait écrire.

1562. — *Janvier* 14. Le comte de Sault écrit au roi : « Syre , je receuz le deuxiesme du present les lettres qu'il auoyt pleu à vostre majesté m'es-cripre le xxiij^e du passé auec un memoire de plusieurs particularitez des affaires de deçà auquel particullierement je respons, ainsy que vostredite majesté pourra veoyr et entendre par l'aduiz que je luy enuoye presentement; et seulement par la presente, je respondray au faict des munitions et pouldres que l'on pourroit auoir faict entendre à vostredite majesté estre retirées au lieu de Montluel, que je n'en ay encore eu aulcune cognoissance, mais en ayant esté bien informé, comme j'en feray diligence, je ne fauldray donner incontinent asseuré aduiz à vostredite majesté. J'ay aussi veu, Sire, les lettres de revocation des traictes de deniers que m'ont montrées les officiers de vostredite majesté en ce lieu, lequel je ne fauldray obseruer comme je l'ay desja faict entendre à aulcuns des particulliers de ce lieu auxquelz permissions de telles traictes auoyent esté octroyées, et ne pense touteffois, Sire, que vostredite majesté entende auoyr compreins une partie de soixante trois mil trois cens trente trois escuz dont elle faict paiement à Mon-seigneur de Sauoye pour partie du dot de madame la duchesse sa femme, comme appert par la lettre de vostre dite majesté dont coppie est cy incluse, afin qu'il vous plaise, Sire, faire une déclaration pour le regard de ladite partie. — Quant au faict de la religion, ceulx de la nouuelle feirent di-manche dernier la ceyne au faulx bourg (sic) de Laguilhotiere en bien grand nombre, sans que pour ce il y eust aulcune esmeute en la ville, fut à l'aller ou au retour, comme aussi je y faisois prendre bonne garde à ce que n'en sourdit aulcune scandalle ne desordre entre le peuple. Et ne font maintenant ceulx de ladite nouuelle religion qu'un presche par jour, en sorte qu'ilz ne vont qu'une fois le jour audit fort bourg (sic) bien paisiblement et sans rumeur : en quoy je les contiendray le mieulx qu'il me sera possible, suyuaut la vollanté et intention de vostredite majesté et jusques à ce que il luy ayst pleu aultrement en ordonner. — Et quant à ce que l'on prethend l'élection des escheuins de ceste année auoyr esté faicte contre la forme accoustumée, y ayant introduit et receu deux Sauoisiens naturelz, je suis bien aduerti, Sire, qu'ils sont gens de bien, bons et oppulentz citoiens : mais pour obuier à suspition, s'il plaisoyt à vostre majesté faire ung edict general par lequel elle prohiberoyt la reception des estrangers et non naturels subjects du royaulme en l'administration des affaires publiques et du corps de la ville, ceste remonstrance demeureroyt ouverte et sans regarder plus en particulier que le general et vniuersel du royaulme. Ne voyant icy aultre chose digne de faire ceste plus longue à vostredite majesté, sur tontes lesquelles particullaritez, j'attendray ce que plaira à vostre dite majesté en ordonner, contenant tousjours le mieulx qu'il me sera possible les choses en estat, afin que aulcung desordre n'y aduiegne. — Sire, je supplye le Créateur, etc. De Lyon, ce xiiij° de januier 1561 (1562, nouv. style). »

1562. — *Janvier* 17. M. de Sault écrit au roi : « Sire, Messieurs les conseillers et escheuins de ceste vostre ville de Lyon m'ont fait entendre et bailler par escript plusieurs particullaritez tant des charges qu'ils supportent gratuitement de long temps pour vostre seruice que d'une nouuelle imposition et contribution à la taille dont ilz se sentent fort greuez et plus avilliz, considéré l'honneur dont il a pleu aux feux roys, predecesseurs de vostre majesté, decorer ceste cité tant de priuilleiges de noblesse que d'immunitez et franchises de telles contributions aux tailles auec les rustiques et laboureurs, en memoyre des bons et recommandables seruices et subuention, que à leur besoing ils en ont receu, à quoy toute la ville n'a jamais manqué, soyt par emprunt que plusieurs aultres, aydes, fraiz et subsides supportez pour leur seruice, plus amplement contenuz et specifiez par le menu en vng memoyre que j'envoye presentement à vostredite majesté, la supplyant tres humblement ne voulloyr permettre que leur dits priuilleiges, immunitez et exemptions des dites tailles soyent en aulcune chose alterez, mais plustost leur donner argument de poursuyure de mieulx en mieulz ce qu'ilz ont de bonne volanté voué à votre seruice, comme les biens et personnes, et auoyr esgard aulx charges que de nouueau s'imposent à l'entrée des vins, quy viendra toute à la foulle de la ville, parce que le paysan ne vendra son vin à la charge de payer ladite entrée, mais tumbera sur l'achepteur quy est de la ville et en a besoing. Aussi plaise à vostredite majesté, Sire, commander que la somme de soixante mil livres ordonnée par voz predecesseurs estre leuée par chacung an pour la fortification de ladite ville, soyt continuée à cest effaict par l'espace de quatre années pour remparer et fortifier le costé du Rosne où elle est toute ouuerte et descouuerte, faisant une bien grande partie de ladite fortification, comme j'ay veu, Sire, et meritant bien en ce temps estre continué et poursuyvy, pour rendre ceste frontiere plus assuree et hors de danger, considéré la multitude des estrangers et diversité d'inclinations et voullantez mal aisée à congnoistre.

« Sire, je supplye le Createur, etc. De Lyon, ce xvij^e de januier 1562. » (1562, n. s.). »

1562. — *Janvier* 23. M. de Sault écrit au roi : « Sire, Considerant messieurs du clergé de ceste ville la callamité de ce temps, et que le plus asseuré moyen pour remetre tous affaires desordonnez à leur estat premier et deub, estoit de s'adresser par tres humble supplication à Dieu, ils auoyent aduisé de faire dimanche prochain une procession generalle en ceste ville et m'en auoyent communiqué : sur quoy, encores que tel acte fut bon, sainct et louable, craignant neanmoins que pour la contrarieté des vœux et oppinions de plusieurs, en telle assemblée s'en trouua de mauuais et seditieux, et de là vint quelque desordre, je leur remonstray (mesmes au vicaire general de monsieur le cardinal de Tournon en cest archeuesché) ces particularitez, et qu'il n'y auoyt sur ce aucung commandement de vostre majesté, et partant que j'estois plustost d'aduis de suspendre de faire ladite procession jusques à ce qu'il eust pleu à vostre majesté m'ordonner là dessus sa volanté, et que de ce je lui fairois une despeche, comme je feis jeudi dernier par monsieur le baron de la Garde auec lequel j'en auoys conféré, present ledit vicaire. Despuys, Sire, et le jour d'hier matin vindrent par deuers moy lesdits sieurs du clergé solicitez par plusieurs notables bourgeoys et bons citoyens de ceste ville, lesquelz me feirent semblable remonstrance que dessus tendant à bonne fin et honneur à Dieu pour le faict de ladite procession, ausquelz ayant parlé de mesme façon, et faict entendre le contenu de madite despesche, s'y sont conformez, desirant, Sire, le bon plaisir de vostredite majesté estre, permettre que ladite procession soyt faicte par ledit clergé, de demain en huit jours qui escherra au premier du moys de feburier prochain et environ l'entrée de caresme, et de ce m'envoyer incontinent voz lettres en bonne forme portant clauses d'inhibitions et deffences à toutes personnes, manántz et habitantz de ladite ville de ne donner aulcung trouble, destourbier ou empeschement priué ou publique audit clergé en faisant ladite procession sur peine de prompte pugnition corporelle, comme ayant commiz crime de leze-majesté et contreuenu aulx volantez, edictz et ordonnanies d'icelle. — « Sire, je supplye le Createur, etc. De Lyon, ce xxiij de Januier 1561 (1562, n. s.). » Colonia, ii, 641.

1562. — *Janvier* 25. M. de Sault écrit au roi : « Sire, Estant venu par deçà monsieur le baron des Adretz, et faict un tour en sa maison, après auoyr obserué quelques endroicts et places plus propices et commodes en Dauphiné, pour la garde du passage, il en a remarqué, entre autres, deux, dont l'une est le chasteau de Quirieu sur le bort de la riuiere du Rosne, et l'aultre nommé Anthon, à l'entrée de la riuière d'Ain en celle dudit Rosne ; et parce que ledit chasteau de Quirieu se retreuue assez despouruu des choses necessaires à l'effaict que dessus, comme m'a dit ledit baron en auoyr donné aduis à vostre majesté, et plus amplement discouru des moyens que l'on pourroyt tenir à acommoder à vostre service lesdits chasteaulx, mesmes celluy dudit Quirieu, en y metant quelques pieces d'artillerie et munition. Et sur ce qu'il pleust à vostredite majesté ordonner à monsieur de la Motte-Gondrin y pouruoyr de ce que seroyt necessaire : ayant au surplus, Sire, prié ledit sieur baron voulloyr avec quelques cappitaines qu'il a auprès de luy faire quelque sejour icy, tant à cause de la foyre que d'une procession generalle que messieurs du clergé de ceste ville desiroyent faire tant de iceulx que à la solicitation de plusieurs bons bour-

3

geoys et citoyens de cesdite ville , et dont j'ay escript par deux foys à vostredite majesté pour m'en ordonner ses bons plaisirs et vollanté que je suis
attendant , contenant toujours le mieulx qu'il m'est possible les choses en
estat. — Sire , je supplye le Createur , etc. De Lyon , ce xxve de janvier
1561 (1562, n. s.). » Colonia, 11, 642.

1562. — *Janvier* 3o. M. de Sault écrit au roi : « Sire, J'ay cy deuant souuent aduerty vostre majesté comme ceste ville estoyt fort ouuerte et dés-
couuerte du cousté du Rosne qui est le plus dangereux endroict pour faire
une surprinse , et quy meritoyt bien y faire besongner sans perdre temps.
Toutesfoys j'ay esté aduerty par le tresorier desdictes fortifications qu'il ne
pouuoyt recepuoyr son assignation qui est de trente mil liures tournoyses
jusques à la sainct Jehan prochain quy seroyt , Sire , sauf la reuerence de
vostre majesté, ung peu bien tard pour faire les appareils necessaires. Car
auant qu'ils fussent faictz et mys en place , nous serions presque en hyver ;
et ainsi le meilleur temps pour bastir et fonder le long du Rosne , qui est ez
moys de Juing et Julles où ladite riuiere est plus basse , seroyt inutillement
coullé , dont il est besoing se seruir pour mettre les estoffes en place , afin
de les employer en temps deu et promptement pour faire les fondements
bons et solides , à quoy les deniers sont requis et necessaires. Et par ce
plairra à vostredite majesté , Sire , considerer et ordonner ladite partie de
trente mil liures ou la meilleure portion estre deliurée au plus tost audit tresorier, afin que incontinent que la commodité se presentera de besongner à
ladite fortification , elle me soyt pardenée et ce pendant les prouisions re-
quises et necessaires en cest endroict puissent estre faictes. Au surplus ,
Sire , j'ay receu les lettres qu'il a pleu à vostre majesté m'escripre en faueur de Vestin , maitre des courriers à Romme , pour luy faire desliurer
ou à son comyz par deça la somme à quoy se pourra monter les neuf deniers
que les banquiers ne luy auoyent volu payer pour n'auoyr satisfait à l'ordonnance de vostredite majesté , et l'ay communiqué au consul des nations
et banquiers expeditionnaires de Romme , lesquelz m'ont remonstré qu'ilz
ont procès pendant par deuant monsieur le seneschal de ceste ville sur le
reglement du payement du port desdits paquetz , et que par cela y estant
accessoire, il sejugeroit avec le principal , et ce pendant m'ont demandé coppie desdites lettres que je leur ai octroyées , ne scachant pour ceste heure
que pouuoyr ordonner là dessus , estant empeschée l'execution du contenu
desdites lettres. — Sire, je supplye le Createur, etc. De Lyon, ce xxxe de
l'année 1561 (1562, n. s.). » Colonia , 11, 642.

1562. — *Février* 3. Le comte de Sault écrit au roi : « Sire , Allant le
sieur de Larthaudiere deuers vostre majesté pour particulierement luy faire
entendre que c'est de la place de Quirieu , et quel seruice elle pourroyt
esperer d'icelle, ainsi que m'a escript par lui monsieur de la Motte-Gondrin,
j'ay bien voleu accompaigner ledit sieur de Larthaudiere de ce mot de lettre
pour vous aduiser , Sire , que estant ladite place accommodée de ce quy
est necessaire pour vostre seruice, ce sera vne grande sureté non seulement
pour le Daulphiné , mais aussi pour cestuy et mesme pour ceste ville quy
est au surplus en assez bon reppoz, Dieu graces.—Sire , je supplie le Createur, etc. De Lyon, ce troye^e de feburier 1561 (1562, n. s.). »

1562. — *Février* 4. Le comte de Sault écrit au roi : « Sire , Messieurs du
clergé auec le corps et consulat de ceste ville sont venuz au jour d'huy par
deuers moy et m'ont remonstré que puys quelques jours ceulx de la nouuelle
religion ont faict des sepultures ausymintiere (sic) de l'Hostel-Dieu d'icelle,

selon leur forme de religion : et d'aultant que ce n'est selon l'ancienne
obseruance, ilz en demeurent scandalisez, ce quy pourroyt apporter en consequence sur ladite diversité murmeure entre le peuple, et de là quelque
desordre, consideré mesmes que suyvant l'edict et ordonnance n'a gueres
faicte par vostredite majesté et cognue en ce lieu, il est dict que ceulx de
ladite nouuelle religion se retireront hors les villes pour l'exercice de leurdite religion (1), en quoy semble vostredite majesté auoyr comprins tous
actes. Et d'aultant toutefois qu'il n'est dict speciffiquement par icelluy comme
ceux de ladite nouuelle religion se deburont gouuerner pour le regard desdites sepultures, je vous ay bien voleu aduertir, Sire, qu'il est de besoing
que vostredite majesté declare là dessus sa volanté et intention : car chascung
d'eulx se disant, comme il faict, habitant et domicilié en la ville et d'aultant
recepvable audit symintiere (sic) de l'Hostel-Dieu où il se presentera
quelque corps d'entre eux à metre en terre, s'il aduenoyt qu'il y feut empesché et reffusé, ce pourroyt estre cause de sedition et trouble, en la ville.
Parquoy plairra à vostredite majesté, Sire, faire là dessus une declaration
comme luy plairra que les choses passent pour obuier à quelque maluaise
entreprinse et pernicieuse consequence, et me commander ce que j'auray à
faire obseruer et garder en cest endroict pour son contentement. — Sire,
je supplye le Createur, etc. De Lyon, ce iiij^e de feburier 1561 (1562
nouueau style) ». — Il paraît que c'est à cette époque qu'on peut faire
remonter l'usage qui s'est conservé jusques vers 1789 d'inhumer les Protestants dans les cours de l'Hôtel-Dieu (Voyez l'Histoire de cet hospice par
Etienne Dagier, année 1561). — C'est dans une de ces cours, celle dite le Jardin
de la pharmacie, que repose la dépouille mortelle de *Narcissa Young*, qui
mourut à Lyon, et non à Montpellier, le 8 octobre 1736. La pierre tumu-
laire de la fille de l'auteur des *Nuits*, existe encore dans ce jardin. C. B.
Nouv. mél., p. 363; *Lyon vu de Fourvières*, p. 474. Voyez ci-après, *année*
1580, et *mars* 1598.

1562. — *Février* 19. Le comte de Sault écrit au roi : « Sire, J'ay cy
deuant certiffié vostre majesté de la reception des lettres qu'il luy auoyt pleu
m'escripre du xvij^e du passé pour l'entretenement du reglement des ports
des paquetz de Romme en çà, faict par vostredite majesté à la solicitation
de des Vestin (sic), maistre des courriers audit lieu, et comme les marchands
banquiers et expeditionnaires demeurans en ceste ville auoyent demandé
copie desdites lettres pour y respondre, ce que je leur auroys octroyé.
Despuys et ce jour d'huy, Sire, les consulz des nations auec lesdits expeditionnaires m'ont baillé par escript leur responce signée de leurs mains que
j'enuoye presentement à vostredite majesté, pour icelle veue auec les lettres
dudit reglement et ouy ledit Vestin (sic), quy est à la court, ordonner ce que
plairra à vostredite majesté estre obserué et gardé en cest endroict pour son
contentement. — J'ay aussi receu, Sire, les lettres qu'il a pleu à vostredite
majesté m'escripre du vme du present par lesquelles elle m'ordonne de me
saisir d'vng nommé *Postel* (2), ce que j'ay faict, Sire, n'ayant trouué toutes-

(1) En exécution de cet édit (du mois de janvier 1562), les Protestants établirent un
prêche à la Guillotière, dans une maison dite la *Maison rouge* « parce qu'ils la firent par le
« dehors peindre de rouge. » *Rubys*, p. 392.

(2) Le fameux Guillaume Postel. Si le P. de Colonia avait lu en entier les lettres du comte
de Sault, il n'aurait pas manqué de faire mention de celle-ci dans son *Hist. Litt.* Nous ne
croyons pas que les biographes de Postel aient rien dit de son emprisonnement et de son séjour à Lyon. Nous saisirons cette occasion pour rappeler que plusieurs ouvrages de ce fécond

fois de luy chose escandaleuse ny de mauluaise vollanté ou exemple, et neantmoins je le retiendray seurement jusques à ce qu'il ayt pleu à vostredite majesté aultrement en ordonner : et supplyeray tres humblement vostredite majesté qu'il luy plaise auoyr pitié dudit *Postel* pour la paoureté quy est en lui, estant icy subuenu des bienfaicts de l'ung et de l'autre, et n'ayant d'ailheurs de quoy se pourveoyr, quy serait cause d'une grande misere en luy par longue detention. — Sire, je supplye le Createur, etc. De Lyòn, ce xxixe de feburier 1561 (1562, n. s.). »

1562. — *Mars 3.* Le comte de Sault écrit au roi : « Sire, Je receuz le dernier du passé les lettres patentes et edict de vostre majesté avec les lettres closes qu'il a pleu à vostre majesté m'escripre du xviij^e dud. moys pour l'execution du contenu en ladite despesche, de laquelle, et pour mieulx proceder en ce faict, j'en confereis auec les officiers et gens de la justice de vostredite majesté en ce lieu, lesquelz ne furent d'aduis de faire publication pour ceste heure desditz edict et lettres patentes y attaichées, pour les raisons qui sont plus amplement touchées et desduites par leur aduis que j'enuoye presentement à vostredite majesté. Ne cognoissant icy au reste, Sire, fort grand besoing de publier lesdites lettres patentes, parce que, executant le contenu en icelles, et remettant en la ville ceux de la nouuelle religion, il est à doubter qu'il en sorte de grandes crieries. Et pour ceste heure chacung se comporte et dedans et dehors lad. ville assez doulcement en la religion, ce que a aussi esté l'une des causes pour laquelle j'ay differé la publication mesme desdites lettres pour estre lesdites pièces connexes et attaichées ensemble, affin que personne n'en cognoisse rien jusques à ce que vostredite majesté, ayant veu ledit aduis et pesé la consequence, luy eust pleu me donner aultre commandement par lettres bien expresses que j'attendray, surceant ce pendant la publication dud. edict et continuant tousjours les affaires de ce lieu en l'estat que les veoy qui n'est que bon et paisible, Dieu merci, pour ceste heure. Et pour le regard des aultres lettres patentes touchant la sortie des boys à faire nauires, galleres et aultres vaisseaulx, Sire, je les fairay publier aux lieux où il en peult estre besoing. Mais de cestuy il n'en sort aulcung bois propre à tel effect, si ce n'est le passaigier descendant pour le seruice de monsieur de Sauoye, qu'il tyre de ses pays, auquel, si plaist à vostre majesté que je donne arrest, je le fairay, apres auoyr heu de vostredite majesté commandement là dessus.

« Sire, je supplye le Createur, etc. De Lyon ce iij^e de mars 1561. (1562, n. s.). »

écrivain ont été imprimés à Lyon ; nous ne citerons que le suivant dont nous avons trouvé le titre dans les notes inédites de Mercier de Saint-Léger, sur la vie de *G. Postel*, par le P. des Billons : *De la première vérité humaine* où sont contenues les sources, causes ʃ vertu et pouvoir de la loi salique deduicte selon la vraye antiquité ; à Lyon, chez *Jean Saugrain*, 1559, in-16 de 77 pages, non compris la table des chapitres. — Dans une autre note, le savant abbé fait observer qu'on ne connaît aucun livre de G. Postel publié avant 1538, et qu'ainsi on ne doit pas lui attribuer *les Merveilles du monde*, imprimées à Lyon par *Olivier Arnoullet*, 1534, in-8°, citées par du Verdier, III, 99. Guillaume Postel mourut le 6 septembre 1581. Voici la bizarre épitaphe que lui fit J. Edouard du Monin :

> Postel ayant posté toute poste mortelle,
> Son beau los mis en banque aus quatre coins mondains,
> Cesse enfin de poster : et ses coursiers hautains
> Gagnent le rendez-vous de l'étable éternelle.

Nouv. œuvres (1582), p. 272.

1562. — *Mars* 18. M. de Sault écrit au roi : « Sire, Encores qu'il aye pleu à vostre majesté me faire entendre par vostre despesche du viij^e de ce moys que vostredite majesté n'auoyt jamais entendu de m'enuoyer les cinq cens hommes que le sieur de la Garde me escripuist m'auoyr esté accordez pour la conservation, obeissance, tranquillité et seureté de ceste ville, si est ce, Sire, que, pour ma descharge, je n'ay vollu faillir par la presente vous faire entendre que, recongnoissant tous les jours le peuple se anymer l'ung contre l'autre et augmenter en furie par les menaces quy se font parmy les villes de vostre royaulme, et la consequence que ce seroyt au seruice de vostredite majesté là où il suruiendroyt en ceste icy quelque grand desordre, à quoy il m'est impossible d'empescher sans ladite force, n'y pouuant de plus servir les parolles : à ceste cause je supplieray très-humblement vostre majesté me donner meilleur moyen d'y pouruoyr que je n'ay à present. Car aultrement je crains merveilleusement que ceste ville ne souffre beaucoup. Je suis aussi attendant responce, aux lettres que je despeschay à vostredite majesté le troysiesme de ce moys, par lesquelles luy faisois entendre les causes pourquoy je n'avoys fait publier les lettres patentes et edict de januier lequel me seruiroyt de beaucoup pour contenir le peuple en paix.

« Sire, je supplye le Createur, etc. De Lyon, ce xviij^e de mars 1561, aduant Pasques (1562, n. s.). »

1562. — *Avril* 4. Le comte de Sault écrit au roi : « Sire, Prevoyant que, par la malice du temps, les affaires de ce royaulme et mesmes de deçà, au lieu de s'adoucir, se pouuoient tellement aigrir qu'il seroyt en fin mal aisé d'y remedier, je me suys aduisé d'enuoyer ce mien gentilhomme deuers vostre majesté pour lui faire entendre toutes les particularitez qui me meuuent à sa despesche, laquelle congneue il plaira à vostre majesté, Sire, y faire pouruoyr, et le plus tost sera bien le meilleur, affin que le peril ne vienne de la demeure, et ce pendant me commander ce que j'auray à faire pour le contentement de vostredite majesté. — Sire, je supplie le Createur, etc. De Lyon, ce iiij^e d'apuril 1562. »

1562. — *Avril* 15. Le comte de Sault écrit au roi : « Sire, J'ay reçu ce jour d'huy, par le sieur de Puyllobier que j'auoys envoyé deuers vostre majesté, les lettres qu'il a pleu à vostredite majesté de m'escripre, ensemble les commissions qu'il vous a aussi pleu, Sire, m'envoyer pour leuer deux compaignies, à quoy je donneray le plus prompt ordre que me sera possible et des ce jour despesche deux cappitaines à ces fins pour leuer des gens de quoy je me puisse fier et responde de leur debuoyr à vostredite majesté. Et quant aux precedentes commissions que vostredite majesté pretend, comme elle m'escript par lesdites lettres, m'auoyr auparavant enuoyées pour leuer aultres deux compaignies, je ne les ay encores reçues, ains simplement un mot d'aduiz par vos lettres du iiij^e du present sur la deliberation que faisiez de la leuée desdites deux compaignies. Et par ce, voullant cependant à mon pouuoyr obuier à tout inconuénient que la callamité de ce temps pourroyt apporter contre le bien de vostre seruice en ce lieu, j'auroys amplement conferé de tout auec messieurs du clergé pour le bon nombre de gentilshommes et aultres personnes d'honneur qui en sont, messieurs voz officiers en la Justice et messieurs les conseillers et escheuins de la ville, lesquels pour un prompt secours m'auroyent offert cinq cens hommes souldoyez pour vng mois pour contenir les affaires de cest lieu en estat. Encores que je ne m'y vollusse beaucoup fier en ceste force, pour crainte de partialité, si est ce que, attendant la venue desdites deux compaignies, je les ai receuz, et seront par tout ce jour enrollez, comme j'ay plus amplement escript à vostredite majesté le xij° du present, aduisant vostredite majesté que ledit jour il y eust en ceste ville quelque rumeur, et combien que ce fust peu de chose, si est ce qu'il y demeura sept ou huit morts et beaucoup de blessez. Et despuys se sont mieulx contenuz, de façon que, si une foys lesdites compaignies peuuent estre icy paruenues, j'espere faire metre les armes bas à ceulx que jusques icy ont refusé le faire, suyuant ce que vostredite majesté m'ordonne par lesdites lettres. — Sire, je supplye le Createur, etc. De Lyon, ce xv° d'apuril 1562. »

1562. — *Avril* 17. « Le comte de Sault écrit au roi : « Sire, Je receuz le septiesme du present les lettres qu'il auoyt pleu à vostre majesté m'escripre le dernier du passé par lesquelles elles me mandoyt lui renuoyer la declaration qu'elle auoyt faicte sur l'edict de la religion du moys de januier dernier touchant les villes de frontieres, ensemble ce que en auoyt esté enregistré au greffe, ce que je fais quant auxdites lettres, mais quant au registre, par ce que c'est vng grand et gros liure, il n'a pas été possible sans corruption dudit liure où plusieurs semblables lettres sont enregistrées. Et par ce suffira que je fasse veoyr à ceulx de la nouuelle religion vozdites lettres closes dudit dernier du mois passé, pour les contenter de congnoistre que vostredite majesté n'entend aucune publication estre faicte de ladite declaration. Et quant à l'autre chef desdites lettres closes par lequel vostredite majesté declare ne pouuoyr satisfaire aux frais de la force de cinq cens hommes que je luy auoys demandé pour la seure garde de ceste ville, et que aussi il ne luy en sembloyt pour lhors en estre besoing, mais que si la ville se voulloyt metre en ceste despence sans qu'il vous coustast vng seul denier, vostredite majesté regarderoyt par apres si elle le debuoyt faire ; et despuys ayant aussi receu les lettres de vostredite majesté du quatryesme du present pour la leuée de deux compaignies, doubtant par le snccez des choses qui passent pour ce jour en cestuy vostre royaulme que les affaires de vostredite majesté prinsent quelque alteration par deçà, mesme en ceste ville, en attente de ce que vous plairoyt ordonner pour la leuée desdites deux compaignies, j'auoys le neuf-viesme de ce moys, mandé messieurs du clergé, pour le bon nombre de gentilz hommes et aultres personnes d'honneur qui en sont, messieurs les officiers de vostre majesté en la justice et aussi messieurs les conseillers et escheuins de ladite ville : et apres auoyr remonstré le peril des affaires, et de combien importoit au bien de vostre seruice la seure garde de ceste ville, mesme auxdits conseillers et escheuins qui prethendoient en auoyr contract expres auec vostredite majesté, et à ces fins tenyr en foy et hommage d'icelle les clefs des portes, auroyent tous ensemblement aduisé de metre le faict en deliberation consulaire, et à ces fins convoquer et assembler tous les plus notables de la ville en l'hostel commun d'icelle pour se resouldre de quelque prompt expedient afin d'obuier à vne entreprinse. Et despuys ce jour d'huy seroyent lesdits officiers de la justice et conseillers de la ville venuz par deuers moy, et m'auroyeut dict qu'ilz s'estoyent assemblez comme je leur auoys ordonné, et auroyent aduisé de former de quelque bon nombre d'hommes, mesmes jusques à quatre ou cinq cens, pour la tuition et deffence de ladite ville et entierement faire ce que je leur ordonneroys : et pour la soulde et entretenemeut d'iceulx, d'autant que ledit hostel commun n'a au jour d'huy aulcune chose quy leur vienne en espargne, se seroyent retirez par deuers le sieur de *Malras* (1), le requerant leur voulloyr fornir ce quy seroyt necessaire pour

<hr>

(1) François Rogier de Malras, trésorier général de Lyon et du Languedoc, secrétaire et

l'entretennement desdits soldatz, à tout le moins sur les deniers perceuz des sommes dont lad. ville souloyt jouyr, et que despuys n'a gueres, par vertu de la commission de la reunion du domaine de vostre majesté auroyent esté saisiz, lequel leur a fait responce que de ce il n'auoyt auculne charge de vostre majesté, et partant il ne leur fourniroyt aulcuns deniers, et qu'ilz estoyent destinez ailleurs et à aultres fins : me remonstrant par ce lesdits conseillers qu'ilz ne sauoyent comme pourueoyr au soustennement desdits fraiz, encores que chacung d'eulx voluet exposer sa personne et ses biens pour le seruice de vostredite majesté : neantmoins despuys ayant pesé la consequence de ceste affaire, se seroyent resoluz de fournir ledit nombre de cinq cens hommes, et s'essayer chacung de contribuer le mieulx qui leur seroyt possible à la soulde et entretenement d'iceulx, esperant que vostredite majesté les fera rembourser de l'aduance desdits deniers, et dez ce jour ilz se doibuent assembler pour faire ladite leuée qui sera choisie en la ville et (comme tous logez en leurs maisons) seront plus aisez à conduire mesmes que de cinq cens il n'y en aura que deux de la nouvelle religion sans s'affectionner auculnement sinon à ce que leur sera par moy ordonné ou à leur cappitaine pour le seruice de vostre majesté, et le tout pour vng moys, attendant ce pendant que plaise à Dieu remetre les affaires de ce royaume en quelque meilleur estat, en quoy, Sire, semble bien, sauf la reuerence de vostredite majesté, qu'il y auroyt grande apparence de debuoyr solaiger lesdits conseillers et communaulté de la ville, et les debuoyr gratifier de quelque chose, aulmoins de les tenir immunes et exempts des contributions si serviles que la taille, tant pour les entretenir ès libertez et franchises de noblesse dont les feuz roys voz predecesseurs les ont decorez en consideration des bons et recommandables seruices et subuentions qu'ilz en ont receuz en leurs affaires, que pour leur augmenter le cueur et volanté de faire de mieulx en mieulx, comme je les y veoy plus que affectionnez. — Sire, je supplye le Createur, etc. De Lyon, ce xvij^e d'apuril 1562. »

1562. — *Avril* 21. Le comte de Sault écrit au roi : « Sire, Ayant receu par le gentilhomme que j'avoys enuoyé deuers vostre majesté la despesche qu'il a pleu à vostredite majesté me faire du viij^e du present où estoyent deux commissions pour leuer deux compaignies d'arquebuziers, je fis entendre à messieurs du consulat de ceste ville en cela vostre vollanté mesme l'urgence des affaires quy le requieroyt, lesquels m'auroyent faict là dessus plusieurs remonstrauces et offres des forces de la ville, sans y admettre des estrangers, quy a mis ceste affaire jusques icy en longueur, parce que je vouloys bien aduertir vostredite majesté de tout ce qu'est passé en cest endroict, comme elle pourra estre certifiée par le procès verbal que je luy enuoye presentement. Et neantmoingz ce pendant n'ay laissé d'enuoyer leuer l'une desdites compaignies pour plus grande seureté, comme estant force neutre, attendant ce que plaira à vostredite majesté m'ordonner, ayant de tout congneu et entendu. — Sire, je supplie le Createur, etc. De Lyon, ce xxj^e d'apuril 1562. »

1562. — *Avril* 22. Mort à Saint-Germain en Laye, de François de Tournon, cardinal archevêque de Lyon. — Il avait succédé à Hippolyte d'Este, et fut remplacé par Antoine d'Albon. Il fut aussi gouverneur de Lyon après Pompone de Trivulce et avant Jean d'Albon. Voyez son article dans la

contrôleur général des guerres. Jean Louueau lui avait dédié sa traduction des *Problèmes de Jerome Garimbert*, Lyon, G. Roville, 1559, petit in-8°.

Biogr. lyon., p. 299, et ajoutez aux sources qui y sont indiquées : Nic. Bourbon, *Nugæ*, *lib.* 2, *carm.* 90 ; Muret, *Epist.* I, 46 et 47; Le Laboureur, *Maz.*, 11, 16. Voyez ci-dessus, *année* 1561, et ci-après, 9 *septembre* 1564.

1562. — *Avril* 25. M. de Sault écrit au roi : « Sire, J'ay fait entendre puys deux jours à vostre majesté ce que j'auoys executé au commandement qu'il luy auoyt pleu me donner tant par ses lettres closes que par deux commissions que m'auoyt apporté de sa part le gentilhomme que je lui auoys enuoyé, et les remonstrances et offres de force que m'auoyent faict les escheuins de ceste ville pour ne les charger de garnison estrangere, le tout par vng bien ample proces-verbal que j'ay enuoyé à vostredite majesté, l'ayant aussi aduertie que nonobstant lesdites remonstrances et pour plus grande seureté de ceste place, j'aurois mandé leuer vne desdites compaignies, pour le payement de laquelle ayant ce jourd'huy esté aduisé par vng commiz du sieur de *Beauclerc*, tresorier de l'extraordinaire de la guerre, qu'il auoyt quelque lettre d'adresse au sieur general d'Albene ; j'ay enuoyé parler audit sieur general, lequel m'a faict responce n'auoyr de ce aulcune assignation, au moyen de quoy ledit commiz l'auoyt sommé de luy declairer quel mandement il auoyt de fournir au payement de ladite compaignie, lequel luy a faict mesme responce, comme plus amplement apperra à vostredite majesté, par l'acte que je luy enuoye presentement, affin que icelluy veu, il luy plaise faire donner assignation certaine par deça pour le payement de ladite compaignie, parce que aultrement elle me demeureroit sur les bras ou du peuple qui la porteroyt mal aisement en ceste ville, à cause de la soulde qu'ilz payent de cinq cens hommes leuez pour la garde d'icelle, ainsi qu'est porté par ledit proces-verbal, pour euiter la garnison estrangere. Voullant bien au surplus, Sire, rendre compte à vostredite majesté comme ont esté despartiz lesdits cinq cens hommes, à scavoyr troys cens de l'ancienne religion à la garde des portes et des chaînes qui sont sur la riuyere, et les deux cens de la nouuelle religion à faire escorte à ceulx qui vont à leur presche pour obuier à toute jalousie et scandalle quy aultrement se pourroyt sourdre et mouuoyr entre les habitans pour ladite diuersité de religion qui semble contenir en quelque reppoz ladite ville à quoy je m'essayeray de tout mon pouuoir, sans y rien espargner pour le seruice de vostredite majesté. — Sire, je supplie le Createur, etc. De Lyon, ce xxv⁰ d'apuril 1562. »

1526. — *Avril* 26. M. de Lansac, allant à Trente, de la part du roi, convoque, en passant à Lyon, les plus notables catholiques et protestants, au logis du Plat. Là, de concert avec M. de Sault, il s'efforce de les porter à l'union et à la concorde. Les protestants répondent qu'ils n'ont d'autre désir que de vivre en bonne intelligence avec les catholiques, et pour garantie de leurs intentions pacifiques, ils offrent de donner caution de cent mille écus, pourvu que les catholiques en fassent autant, et qu'il leur soit permis *d'établir un temple dans la ville.* On ne put s'entendre sur ce dernier point ; toutefois on se donna la main et on s'embrassa de part et d'autre. J. Morin, v, 139.

1562. — *Avril* 27. Le comte de Sault écrit au roi : « Sire, J'ay receu par monsieur de Maugiron les lettres qu'il a pleu à vostre majesté m'escripre du xviij⁰ du present, au contenu desquelles et de ce que ledit sieur m'a dict de la part de vostredite majesté, je mettray tout pour la satisfaire ; et quant à ce qu'elle faict doubte de quelque sinistre entreprise sur ceste ville par les sieurs de Perault et de Changy, estimant qu'ilz y sont en sejour, ou pour le moings bien souuent, je vous aduise, Sire, qu'il y a ung moys que ledit Perault n'y a point esté, ains s'en alla incontinent que la sene fut faicte quy fut à Pasques, et quant aux Changy, ils en sont partiz et n'y furent venuz, il y a plus de quinze jours. Comme de tout ce et aultres particularitez oultre la despesche bien ample que j'ay faicte à vostredite majesté passé huict jours, ce gentilhomme vous sçaura rendre bon compte. Et par ce, Sire, qu'il vous plaise que ledit sieur de Maugiron m'assiste en ce lieu pour quelque temps, je desireroys bien qu'il pleust à vostredite majesté me permettre faire vng voyage à la cour pour luy descouurir plus amplement comme toutes choses sont passées jusques icy en cest lieu, de quoy j'attendray vostre commandement, contenant au reste tousjours les affaires de deçà en meilleur repoz qu'il me sera possible. — Sire, je supplie le Createur, etc. De Lyon, ce xxvij° apuril 1562. »

1562. — *Nuit du 30 avril au 1er mai.* Surprise de Lyon par les calvinistes du Dauphiné réunis à ceux de Lyon. Voyez *la Prinse de Lyon et de Montbrison* (réimprimée à la suite de la *Notice sur F. de Mandelot*, par A. P., Lyon, *Barret*, 1831, in-8°); Rubys, p. 394; J. Morin., v, 161. Voyez aussi un poëme latin ayant pour titre : *De Tristibus Franciæ*, publié pour la première fois, d'après le Ms de la B. de Lyon, par M. Léon Cailhava, Lyon, *Louis Perrin*, 1840, in-8°; figures dans le texte (1).

1562. — *Mai 1 (Dimanche).* Le comte de Sault écrit au roi : « Sire, Vostre majesté aura peu entendre par le gentilhomme que je luy despeschay exprès lundi dernier (25 avril), comme les affaires de ce lieu passoyent, et la diiigence que j'auoys faicte d'y pouruoyr suivant les lettres patentes de vostre majesté, tant pour la leuée d'une compagnie que conuocation de l'arrière-ban quy n'est pas encores arrivé, par aussi je ne receuz la despesche de vostre majesté que lundi dernier au soyr et incontinent je despeschay par tout, et là-dessus est interuenu l'aduis de la mort de M. de la Mottegondrin, quy fut lundi dernier vers les cinq heures du soyr : tellement que ceulx de ceste nouvelle religion ayant recongneu le mandement dudit arrière-ban et leuée de compagnies en Auvergne, ont été si atterez (et non *alterez*, comme a lu le P. de Colonia), que ce les a meus de se desborder pour oppinion qu'ils disent auoir qu'on les voulloyt exterminer, que la nuit de mercredi dernier venant au jeudi, ils se mirent tellement en armes que incontinent ils forcerent les corps de garde que j'auoys mys ez places et en l'hostel de la ville combien qu'il y eust bonne résistance, auec effusion de sang, et se saisirent des esglises quy dominoyent les places à la part de S.-Nizier auec aussi ledit hostel de la ville où ils prirent les armes et artillerie de ladite ville quy leur donna meilleur (et non *par malheur*, comme a lu Colonia) moyen de gaigner le pont en ça, et feyrent des places du cousté du Change le mesmes

(1) Le comte de Sault, que Rubys, Saçonay et quelques autres historiens accusent d'avoir ménagé la prise de la ville aux protestants, s'était logé, lorsque l'entreprise était sur le point d'être exécutée, dans le cloître de St-Jean, avec une troupe de gens affidés commandée par le capitaine Vertier, son domestique, « non pour conserver l'église comme il publioit, mais pour « empêcher que les chanoines dont la profession ne rabat rien du courage qu'ils tiennent de » leur naissance, ne se fortifiassent dans leur cloître fermé alors de toutes parts, ou qu'en sor- « tant en armes avec leurs gens, ils ne se joignissent aux bourgeois catholiques pour leur donner « courage et traverser ainsi son entreprise. » Le Laboureur. *Maz.*, ii, 16. — Ce dernier écrivain ajoute que le lendemain de la prise de Lyon, le comte de Sault, qui jusqu'alors avait fait profession de la foi catholique, leva le masque, et alla au prêche, au vu et su de tout le monde, abandonnant les catholiques à la fureur de leurs ennemis. Voyez ci-dessus au 19 *octobre*

que des aultres, et en après vindrent planter leurs pièces vis-à-vis de
seans, là où ilz me tiennent assiegé auec messieurs les comtes, de sorte,
Sire, qu'ilz se peuuent dire maistres de toute la ville, fors du chasteau
de Pierre-Sise où j'auoys mys des harquebusiers. Mais il ne fault doubter
qu'ayant saisi l'artillerie qui est ceans, il leur sera aisé d'y entrer.

« Sire, je supplye le Createur, etc. De Lyon ce premier de may 1562.
Colonia, ii, 651.

1562. — *Mai* 4. Le comte de Sault écrit au roi : « Sire, Despuys l'aduis
que j'ay donné à votre majesté par ung gentilhomme que je luy ay envoyé
exprès, estant icy arriué le sieur des Adretz, j'ay essayé de donner quelque consolation au peuple extremement desolé, tant pour le faict de la Religion que libre commerce, quy estoyent les poincts principaux ou ceulx des
nations m'ont faict plus grande instance, qui les commence à retenir joinct
l'asseurance que je leur ay donnée de leur assister de tout mon pouuoyr.
Combien que j'eusse proppozé de m'en partir, voyant que l'authorité par la
force des armes tenues par ceulx de ceste nouuelle religion m'estoyt ostée,
et encores demeure deuers eulx pour le regard des forces et *clefs* de la ville,
comme plus amplement sera vostre dite majesté informée par le secretaire
de la ville present porteur. Sur quoy j'attends de vostredite majesté la
prouision pour le debuoir et obeissance à elle deue affin que je puisse
faire congnoistre quelle est sa volonté et le tout en bonne forme affin
qu'on n'en fasse doubte. — Sire, je supplye le Createur, etc. De Lyon
ce iiije de may 1562. »

1562. — *Mai* 5. Le baron des Adretz, chef de l'infanterie du prince de
Condé, prend le commandement de la ville de Lyon par ordre du prince ;
« toutefois il n'entreprend rien sans le communiquer à M. de Sault, gou-
« verneur de cette ville. » *Prinse de Lyon*, p. 9 ; Garnier, *Hist. de Fr.*, xv,
302. Voyez aussi l'*Hist. eccl.* de Théod. de Bèze, iii, 215. Nous ferons observer que tout le xie livre de cette *Histoire* contient une relation des événe-
ments qui se sont passés à Lyon durant cette période. — Rubys (*Priviléges*,
p. 29) nous représente les calvinistes maîtres de Lyon « par l'espace de
« quinze mois....., pillans et saccageans les temples et lieux sacrez, violans
« les monastères ; et pour le faire court, ne laissant espèce de cruauté de
« laquelle ils n'usassent contre les personnes et biens des pauvres Catholi-
« ques fidelles à Dieu et au Roy, sans respect d'âge, de sexe ni de profession.
« Jamais, ajoute-t-il, les Goths ne diffamèrent de telle façon la ville de
« Rome, comme a ceste malheureuse secte de gens, ceste pauvre ville de-
« solée... » Voyez aussi Cochard, *Descript. de Lyon*, passim, et notamment
p. 33 et 74.

1562. — *Mai* 12. Le comte de Sault écrit au roi : « Sire, Vostre majesté
aura peu entendre et congnoistre par la despesche que luy aura presenté le
secretaire du consulat de ceste ville ce que despuys l'esmeute aduenue en
icelle auroyt esté capitullé (1) auec ceux de cette nouuelle religion, sauf le

---

(1) Voici le texte de la capitulation : « 1° Il est accordé, entre aultres articles, que tant
de la ville que des estrangers, on louera mille ou deux mille hommes protestans pour la garde
de la ville et asseurance des habitans, soldoyez, partie par ladite ville, partie du revenu des
ecclesiastiques. — 2° Que quelques uns absentez pour certaines contrariétés à cause du faict de
la religion, pourront retourner librement. — 3° Qu'il ne se dira plus de messes. — 4° Que
chacun sera libre en sa religion (voyez ci-après au 14 *Juillet*). — 5° Que l'on eslira douze des
plus capables protestans pour estre Juges avec les consuls 6° Qu'il ne se pourra tenir consulat,
sans que les nouveaux conseillers y assistent. » *Prinse de Lyon*, p. 9.

bon plaisir de vostre majesté, pour essayer de contenir le peuple, mesmes én faisant dire messe, de quoy neantmoingz ne se pouuoyt asseurer. Les prestres et gens d'esglise s'en sont tous fouys et partant cela demeure sans effect quy est cause que les marchands estrangiers et beaucoup des naturels, auec plusieurs anciens bourgeois et de toute profession deliberent s'en aller, et desja pour le regard des nations en sont beaucoup despartis: en quoy ceste vostre ville, Sire, souffrira et en consequence voz droitz grande diminution, perte et dommaige, oultre le scandalle que (encores pour ce jour) apporte la ruyne et demolition que l'on continue à faire au cloistre de l'esglise de S. Jehan, desja en partie desmantelé de son ancienne closture, et quelques maisons estant dans iceluy, après avoyr mys par terre tous les hautelz, ymaiges et figueures, presché selon la nouuelle religion; faict bapthesmes et mys tous les ornemens, reliquaires et calices en leur puissance, toutes fois par inuentaire dont le peuple de l'ancienne religion se mesconte fort, tant parce qu'ilz n'ont point de messe que pour veoyr la difformité dudit temple et des deux contigus. Quant au chasteau de Pierre-Size, il a temporisé jusques à samedi dernier (7 mai) que l'on y conduict trois canons, et pour ne se veoyr le cappitaine ancien dudit lieu assez fort, et que plusieurs de sa compaignie declararent ne voulloyr combattre, comme il appert sous leur seing. Ledit chasteau s'est rendu environ le midi, et garnison mise dans iceluy, nonobstant les remonstrances que leur auoyt faict uug mien gentilhomme que je y avoys mys.—Sire, je supplye le Createur, etc. De Lyon, ce xij^e de may 1562.» Colonia, ii., 652.

1562. — *Mai* 13. Calvin écrit de Genève à ses *frères* de Lyon : « Treschers freres, il y a déja long temps que nous avons attente de vos lettres, pour avoir occasion, en vous respondant, de nous descharger de ce qui nous pese fort sur le cœur. Mais despuis le changement qui est advenu à Lyon, nous n'avons point reçu un seul mot ny de la compagnie des Anciens, ce qui nous fait penser qu'il y a eu desordre beaucoup, veu que vous sollicitez d'aucuns de secourir à vostre esglise, et que vous n'en faites nul semblant, mesme quand le sire Hierosme des Gouttes passa nagueres par icy, combien qu'il requist qu'on envoyast des ministres pour vous aider, il declara qu'on ne lui avoit donné nulles lettres. Cependant nous oyons des nouvelles qui nous causent grande angoisse. Nous sçavons bien qu'en telles esmotions, il est bien difficile de se moderer si bien qu'il ne s'y commette de l'excès, et excusons facilement si vous n'avez tenu la bride si roide qu'il eust esté à souhaiter; mais il y a des choses insupportables dont nous sommes contraints de vous escrire plus asprement que nous ne voudrions. Mais nous serions traistres à Dieu, à vous et à toute la chrestienté, en dissimulant ce que vous avez fait à notre grand regret. Ce n'est pas un acte decent qu'un ministre (Jacques *Rufi* ou Rnffy) se fasse soudart ou capitaine : mais c'est beaucoup pis quand on quitte la chaire pour porter les armes : le comble est de venir au gouverneur de la ville, le pistolet en main, et le menacer en se vantant de force et violence; car voicy les mots qu'on nous a recitez, et que nous avons entendus par tesmoins dignes de foy : « Monsieur, il faut « que vous le faciez, car nous avons la force en mains. » Nous vous disons rondement que ce propos nous est en horreur comme un monstre. Nous avons aussi fort detesté la crie qui a esté faite de par le gouverneur et les ministres. Nous mettons en mesme rang les passeports et choses semblables desquelles l'énormité a degousté, voire alièné beaucoup de gens de l'Evangile, et a troublé et fasché toutes gens qui ont quelque pitié et modestie. Encore n'estoit-ce pas assez, si on n'eut couru les champs pour lever butin et pillage des vaches et autre betail, voici despuis que monsieur le baron des Adretz est là arrivé avec autorité, lequel n'a pas approuvé telles insolences, dont ceux qui se vantent d'estre ministres de la parolle de Dieu n'ont eu honte de se mesler. Maintenant ces vieilles playes nous ont esté rafraischies quand nous avons ouy que les rapines qu'on avoit tiré de l'esglise de Sainct-Iehan ont esté exposées en vente au dernier offrant, et despeschées pour cent douze escus. Mesmes qu'on a promis aux soldats de leur distribueràchasqu'un saportion. Vray est que M. Rufi est nommement chargé de toutes ces choses, mais il me semble que vous estes en partie coulpables de ne l'avoir reprimé, ayant liberté et puissance de ce faire. Car, s'il ne se soumet à une correction, qu'il cerche où il bastisse une esglise à part. Nous ne pouvons vous remonstrer doucement ces choses que nous ne pouvons ouïr sans grande honte et amertume de cœur. Or, combien qu'il soit tard d'y remedier, si ne pouvons non pas nous tenir de vous prier, au nom de Dieu, et exhorter, en tant qu'en nous est, que vous mettiez peine à recompenser les fautes passées, et surtout d'empescher toutes ces voleries et pilliages. Car plustost il faudroit quitter de telles gens et s'en separer que d'exposer l'Evangile à tel opprobre, en s'accouplant avec eux. Desia il y a du zele inconsideré à faire ces ravages qu'on a fait aux temples; mais de ce qui fut fait à la chaude, et par quelque devotion, les gens craignants Dieu n'en jugeront point à la rigueur. De ces butins que pourra-t-on dire? A quel titre sera-t-il licite de ravir ce qui n'est à aucune personne privée? Si les larrons sont punissables, c'est double crime de derober le bien public. Parquoy si vous ne voulez estre hays et detestez de tous gens de bien, mettez ordre que telles offenses se réparent; car si vous y tardez plus, nous craignons bien que vous n'y veniez jamais à temps. En quoy nous prions Dieu qu'il vous guide d'esprit et prudence, etc. De Genève, le 13 de may. » — Cette lettre dont le Ms est à la B. du roi, a été publiée pour la première fois par M. Audin dans l'*Hist. de Calvin et de ses écrits*, II, 418. On trouvera dans cette histoire des détails curieux sur les relations de Calvin avec plusieurs Lyonnais, et sur les efforts qu'il fit pour répandre ses erreurs dans notre cité et pour y planter son étendard. Nous avons même quelques raisons de croire que son médecin ordinaire, qui se nommait *Sarasin* (c'est ainsi que M. Audin écrit son nom, II, 452), est notre *Philibert Sarrazin*, qui avait prononcé, en 1543, l'oraison doctorale, et qui avait passé à Genève, en 1551, avec sa fille *Louise*, mentionnée par Colomiès, dans sa *Gallia orientalis*, p. 110. Philibert était aussi le père de *Jean-Antoine*, né à Lyon, connu par deux ouvrages de médecine écrits en latin. Celui-ci eut un fils, *Philibert*, deuxième du nom, auteur, suivant Colonia (*Hist. litt.*, II, 799), d'*Epîtres médicinales*, publiées en 1633. Voyez Pernetti, I, 255.

1562. — *Mai* 21. « .... Les huguenots qui se nomment evangelistes et un nommé le capitaine de Saint-Vincent de Lyon vindrent à Thoissey pour pour faire demolir les croix dudit Thoissey, lesquelles furent demolies et aussi celles de St-Didier, et le jeudy suivant qui fut la fête du St. Sacrement de l'autel, autrement appelée la Fête-Dieu, se fit le service vaudit Thoissey et St-Didier, et le lendemain qui fut vendredy, on trouva les croix demolies, et iceluy vendredy fut baptisée Eve, fille de Claude Bruliard de St-Didier et de Philippe, sa femme, de Thoissey, par le ministre desdits huguenots. — Amy lecteur, si tu ne trouves au present livret des baptisez ceux que tu cherches, il te faut noter que, pour les troubles qui commencerent en l'an 1562 et durerent jusqu'en l'an 67, plusieurs des enfans de cette paroisse furent baptisez à Bey, à Illia et autres lieux circonvoisins, à l'occasion de ce qu'en ce temps les heretiques qui s'appellent huguenots occupoient Dombes et dechasserent les gens d'eglise et tous autres gens de bien, comme tu pourras bien amplement voir par les histoires dudit temps. *Signé* : Duc, prestre, vicaire de St-Didier de Chalaronne. » Tiré du registre des actes baptistaires de la paroisse de St Didier de Chalaronne-lès-Thoissey. M.—Voyez, sur les ravages des protestants, Severt, La Mure, etc.; les *Archives du Rhône*, v, 138 et suiv.

1562. — *Mai 23.* Le P. Gayette, gardien du couvent de St.-Bonaventure, est massacré, sur le pont de Saône, par des calvinistes (l'abbé Pavy, *Grands Cordeliers de Lyon*, p. 92). — C'est par erreur que cet événement a été placé par quelques historiens au 23 *mars*. A cette époque les protestants n'étaient pas encore maîtres de Lyon.

1562. — *Mai 24.* Le comte de Sault écrit au roi : « Sire, Vendredi dernier au soyr arriva en ceste ville le secretaire d'icelle, et comme vostre majesté est assez aduertie, la force et par là l'authorité estant es mains du sieur des Adretz, en usant en cest endroict, il se saysit dudit secretaire ensemble de la despesche que me faisoyt vostre majesté, et au corps de la ville, et après auoyr le tout veu et leu, il m'enuoya seulement le jour d'hier les lettres missiues de vostre majesté ouuertes, et despuys estant par moy ensemble ledit corps et consulat de la ville, sommé et requis de me rendre la commission en forme de lettres patentes qu'il auoyt plu à vostre dite majesté m'enuoyer et à eulx la despesche que a saysie, il nous a faict une commune responce, asçauoir qu'il n'auoyt aucun respect aux despesches qui seront faictes en vostre conseil ce pendant que vostre majesté et la royne serez captifs, comme il pretend que vous soyez, et ne m'auroyt vollu bailler ladite commission, de manière que ne l'ayant peu recouurer, je ne puys executer (en ce qu'elle contient) le commandement de vostredite majesté; dont j'ay protesté, comme aussi lesdits conseillers, contre ledit sieur des Adretz, ainsi qu'il apperra à vos dites majestez par l'acte que je leur enuoye presentement. Pareillement. Sire, monsieur Congnet, ambassadeur pour vostre dite majesté en Suysse, avec le sieur des Pasquier ont envoyé en ceste ville un secretaire dudit sieur ambassadeur exprès pour faire aduancer le payement des pensions des Suysses, m'escriuant qu'il ne tenoit que à cela que les gens qu'ils ont à fornir à vostre dite majesté ne passent céans, et partant que je feisse commander au tresorier juge de s'advancer porter ou envoyer lesdits deniers, ce que j'ay faict : mais là dessus ledit juge m'a remonstré lesdits deniers auoyr esté saisiz et arrestez entre ses mains par ledit baron des Adretz auec inhibitions et deffences de n'en vuyder ses mains sur peine de sa vie. Et ayant vollu remonstrer audit baron la conséquence de ce faict et le retardement du seruice de vostredite majesté, il m'a faict telle responce que dessus de n'auoyr aulcung esgard à chose de presentement despeschee en vostre dit conseil, ainsi que desja il auoyt faict à la protestation faicte contre luy de semblable arrest et saisye de deniers qu'il auoyt faict ez mains des freres Camus, commis à la recepte generalle de la subuention accordée par le clergé de France, pour le rachapt du domaine de vostre dite majesté, comme elle aura peu estre informée auant la venue de la presente despesche, et sera aussi par l'acte que luy enuoie ledit tresorier des ligues par ce porteur exprès, quy est un moyen seur d'empescher et retarder tous les affaires de vostre dite majesté et mettre, comme je veoy approcher, ceste ville en toute desolation et ruyne. Au surplus, Sire, ayant esté mys le canon devant le lieu de Villefranche en Beaujolloys, et sommé de se rendre, il a

faict des le jour d'hyer, ne pouuant resister à la force. — Sire, je supplye
le Createur, etc. De Lyon, ce xxiiij^{me} de may 1562. »

P. S. «Sire, despuys la presente escripte le sieur Claude Camus, l'ung des
freres susdits, commis à ladite recepte de subuention du clergé, m'est venu
remonstrer que au moyen de la saisie faicte desdits deniers entre leurs
mains, comme ils ont aduerty vostredite majesté, ils n'ausent enuoyer per-
ceuoir les deniers de leurdite charge aux receptes particullieres, craignant
qu'ilz soyent saisiz sur les chemins ou bien prins entre leurs mains, desirant
que je leur donnasse quelque permission là desssus, ce que je ne puys pour
n'auoyr la force en main : en sorte que s'il n'y est pourveu aultrement
par vostredite majesté, Sire, il sera mal aisé que sentiez le proffit de ladite
subuention de longtemps, et qu'ils ne soyent constraints aduenant une
necessité de vuyder leurs mains de quelques sommes, ce qu'ils craignent
grandement leur aduenir. » Colonia, ii, 653.

1562. — *Mai* 28. M. de Sault écrit au roi : « Sire, encores que j'aye puys
dimanche dernier aduerty vostre majesté par vng homme enuoyé exprès
deuers icelle par le tresorier jugé, tant de l'arrest et saisye faicte entre les
mains dudit juge des pensions des Suysses que aultres choses y passant, si
est ce que, allant ce present porteur deuers vostredite majesté de la part
de monsieur Congnet, ambassadeur pour icelle au pays de Suysse, j'ay
bien vollu aduertir vostredite majesté, Sire, que despuys mesdites dernieres lettres il n'est suruenu en ce lieu aucune chose de neuuelle, ains y
sont les affaires en mesme estat, comme pourra plus amplement certifier
vostre dite majesté cedit present porteur. — Sire, je supplye le Createur,
etc. De Lyon, ce xxviij^{mo} de may 1562. »

1562. — *Mai* ... Fauste Socin, un des fondateurs de la secte à laquelle
on a donné son nom, se trouvait alors à Lyon; il y apprit que Lélius
Faustin, son oncle, était mort le 16 de ce mois, à Zurich; il se rendit immédiatement dans cette dernière ville. *Biog. univ.*, XLII, 524.

1562. — *Juin* 4. Le comte de Sault écrit au roi : « Sire, parce qu'il y a
ja quelque temps que je n'ay receu aulcunes lettres ne commandement de
vostre majesté, estimant ce estre la cause de la difficulté des passaiges et
recherchement des advis par l'ouverteure des lettres. Et, là dessus ayant
receu de messieurs du clergé de ceste ville une requeste qu'ils m'ont pré-
sentée afin d'avoyr permission pour leuer les dismes de ceste moysson, je
l'ay bien vollu enuoyer par un gentilhomme exprès à vostredite majesté,
avec les conclusions de votre procureur en ceste seneschaucée, pour sur icelle
entendre la vollanté de vostredite majesté, et après en disposer comme lui
plaira m'ordonner, et au plus tost, à cause que le temps de la recolte commence à passer, et que ceulx de la nouuelle religion se veulent ingerer d'e-
tablir commissaires à la perception desdites dismes, dont je me doubte qu'ils
se vouldront après preualloyr, sur quoy pourroyt suruenir quelque nouuel
desordre, contre le gré et intention de vostredite majesté, encores que l'on
dise le tout proceder de son autorité, comme plus amplement vostredite majesté pourra estre certifiée par cedit gentilhomme; et ce pendant neantmoins,
et à la consignation du droit de quy il appartiendra, j'ay faict publier à
voix de trompe la réliction du revenu des gens d'esglise de ce diocèse à
vostre domaine, establissant commissaires en iceulx les censiers et fermiers
quy sont trouvez saisiz des baulx à ferme ou bien y en commetant d'aultres
à mesmes fins, ainsi que le tout apperra à vostredite majesté, Sire, par

les actes que je lui enuoie, ne luy faysant la presente plus longue d'aulcunes particullaritez, sinon pour supplyer tres humblement le Createur qu'il donne, etc. De Lyon ce iiij^me de juing 1562. »

1562.—*Juin* 7. Le comte de Sault écrit au roi : « Sire, Je receuz le jour d'hyer les lettres qu'il a pleu à vostre majesté m'escripre du premier du present par lesquelles elle m'ordonne l'aller trouuer la part où elle sera, pour à quoy satisfaire, j'ay ce jour d'huy mandé messieurs de la justice et consulat de la ville, et leur ay communiqué le commandement de vostredite majesté par lesdites lettres, lesquelz m'ont faict là dessus plusieurs remonstrances. Toutes foys ne laissé je de me preparer pour m'achemyner, le plus tost qu'il me sera possible deuers vostredite majesté suyuant sondit commandement. Sire, je supplye le Createur, etc. De Lyon ce vij^me de juing 1562. »

1562. — *Juin* 11. Le comte de Sault écrit au roi : « Sire, sur ce que je me preparoys à satisfaire au commandement qu'il a pleu à vostre majesté me donner par ses lettres du premier du present, suyuant ce que je luy ay desja escript, ceulx de la nouuelle religion, mesmes les chefs quy sont en ce lieu pour le faict des armes, vindrent à moy lundi dernier au matin et me declarerent que estant adverti que je m'en voulloys aller deuers vostredite majesté, nonobstant les remonstrances que m'auoyent faictes les conseillers et escheuins de la ville, ilz empescheroyent mon despart de ce lieu. Sur quoy je leur feis veoyr les lettres contenant les commandemens qu'il auoyt pleu à vostre majesté me faire pour les causes y contenues, qui est le peu de seruice que pour ceste heure je luy faisoys en ce lieu, n'y ayant d'eux aucune obeissance, auxquelles ilz me dirent qu'ilz n'auoyent aulcung esgard, parce qu'elles estoyent seulement de vostre conseil, et faictes pendant la captiuité de vostre personne occupée par leurs aduersaires. Et pour obuier à mon despartement et l'empescher de faict, m'enuoyarent cinquante harquebuziers pour ma garde, m'ostant par là tout moyen de commander, sur quoy ont esté prins les actes que j'enuoye presentement à vostredite majesté, laquelle je ne fauldray incontinent tousjours tenir aduertie de ce que suruiendra important au bien de son seruice. Sire, je supplye le Createur, etc. De Lyon le xime de juing 1562. »

1562. — *Juin* 21. « Ordonnances faictes par le roy et monseigneur de Blacons, lieutenant-general de monseigneur des Adretz, touchant le revenu du clergé du diocèse de Lyon, et pour la quottisation des manans et habitans de ladite ville, auec la deffense de s'iniurier ni mettre la main aux armes l'un contre l'autre, à peine d'auoir le poing coupé (Imprimé à Lyon par *Benoist Rigaud*. 1562, in-8°). » S.

1562. — *Juin* 30. Le comte de Sault écrit au roi : « Sire, suyvant ce qu'il a pleu à vostre majesté de faire entendre par le cappitaine Puyllobier, et despuys ordonner à messieurs les conseillers et escheuins de me laisser partir de ceste ville pour m'en aller en ma maison, j'ai tant faict, que en fin ilz m'ont levé l'empeschement qu'ilz me donnoyent à partir ; en sorte que je suis resolu de m'achemyner ce jour d'huy, pour au plus tost possible me rendre en madite maison, et après faire ce que plairra à vostre majesté me commander : laissant ce lieu assez en repoz et tous les habitants en fort bonne deuotion de se conserver en vostre obeissance, n'en ayant moingdre volanté ceux qui y sont en armes, mais je doubteroys, Sire, et comme je l'ay entendu d'eulx et en ay desja aduerti vostre majesté par ledit cappitaine Puyllobier que s'ilz se voyent forssés et pressez d'en partir aultrement que par voye amiable, ils se veuillent ayder de la faveur qui leur est offerte des gens du cousté de Berne, Zurich et Neufchastel : leur ayant desja ennoyé soixante ou quatre vingts soldats qu'ilz ont receus pour sa petite quantité. Et au surplus mandent auxdits quantons que pour ceste heure ils n'en ont besoing de plus grand nombre, se confiant neantmoins que l'occasion se presentant ils leur seront tousjours propices, ce quy metroyt les affaires de cedit lieu en telle combustion que ce porroit estre en consequence l'entiere ruyne d'icelle et très grand perte en cestuy vostre royaulme. Au surplus Sire, j'ai receu par quelques escolliers allemands venus naguieres de Bauges, la requeste que j'envoye à vostredite majesté par laquelle luy apperra comme estant arrivés près St Pierre le Motier ils ont esté desvallisez tant de leurs chevaulx que argent par ung nommé de Montcauquyer. Sur quoy ils supplyent très humblement leur estre pourveu et par ce, Sire, qu'ilz sont ainsi que j'ay entendu de bon lieu et maysons d'Allemaigné et en pourroyent faire plainte à leurs parens qui les pourroyent reuocquer à cueur et en faire quelque plus grande instance par deuant vostre ditemajesté, je l'en ai bien voullu au parauant aduertir affin qu'elle s'en pouruoye comme elle a acoustumé en toutes choses. Sire, je supplye le Createur, etc. De Lyon ce dernier de juing 1562. » — Cette lettre est la dernière de celles que contient le manuscrit de la B. de Lyon. — Il paraît que le comte de Sault quitta alors Lyon, comme il l'écrivait au roi, et qu'il n'y revint qu'après l'édit de pacification du 18 mars 1563. Voyez ci-après au 9 *juin* 1563.

1562.—*Juillet* 14. Ordonnances de par le roy nostre Sire, touchant le régime et pollice des manans et habitans en la ville de Lyon. Publié (sic) le quatorziesme de juillet mil cinq cent soixante-deux, A Lyon, par *Benoist Rigaud*. 1562. Petit in-8°. — M. Francisque Michel, professeur à la faculté des lettres de Bordeaux, nous a communiqué un exemplaire de ces ordonnances qui ne contient que les quatre premiers feuillets, lesquels nous ont paru assez importants pour être reproduits : «De par le roy et monseigneur le baron des Adretz. — On faict assauoir à tous marchans, habitans en la présente ville, forestiers ou estrangers fréquentans les foires de ladicte ville, que, pour entretenir le commerce, il leur est permis sortir ou faire sortir hors ladicte ville la mesme marchandise ou d'autre de semblable valeur et somme qu'ilz feront entrer, dont ilz feront apparoir par la certification qu'ilz seront tenuz prendre des receueurs et contreroleurs de la doanne, signée de leurs mains, au commis à faire ses passepors desdictes marchandises pour la sortie d'icelles. Et seront traictez lesdicts marchans en toute asseurance, tant de leurs personnes que de leurs biens, sans qu'il leur soit faict, mis, ny donné aucun trouble, destourbier ou empeschement.

Sera aussi permis à toutes personnes de quelque estat, qualité, ou condition qu'ilz soyent, amenant viures et victuailles dans ladicte ville hors des pays de Dauphiné, Lyonnois et autres lieux circonvoisins de douze lieues à la ronde, d'enlever hors d'icelle de marchandise pour la somme que monteront lesdits viures et victuailles.

Et affin que les susdits puissent aller, venir, seiourner en ladicte ville, et s'en retourner en toute assurance sans aucun empeschement : inhibitions et deffenses sont faictes à tous capistaines, enseignes, caporalz et autres des garnisons de ladicte ville et lieux circonvoisins, tant de pied que de cheval, de ne prendre ny arrester chevaulx, muletz, bœufs, iuments ny asnes portans et conduisans dans ladicte ville marchandises, munitions, viures, victuailles et autres choses, ny en retournant, soubs quelque couleur, pretexte ou occasion qu'ilz puissent pretendre : ains leur donner toute aide, faueur, confort et escorte si besoin est, à peine de la hart.

Et pour obuier à toutes surprinses, monopoles, conspirations pour la seurté et deffence de ladicte ville : on faict assauoir à tous lesdits manans et habitans de quelque estat, qualité ou condition qu'ilz soyent, que, dans le clochier de Sainct-Nizier, incontinent après huict heures du soir, les sentinelles dudict clochier sonneront, en signe de retraicte, la cloche iusques à la demie heure : après laquelle passée, et le son de ladicte cloche cessé, leur est fait exprès commandement de se retirer chascun en sa maison, sans aller ni venir par ladicte ville auec leurs armes ou sans armes, sur peine de prison et dix livres d'amende. Sera toutes fois permis à ceux qui feront duement apparoir auoir affaire par ladicte ville, ladicte heure passée, de y aller en petit nombre de deux ou trois au plus, selon la qualité des personnes, portant lumière et sans aucunes armes. Enioignons aux sentinelles, corps-de-garde, et à ceux qui y commanderont, de les faire accompagner iusques au lieu où ilz pourroient déclarer vouloir aller, pour entendre la vérité du faict : et où ilz trouveront variété au dire, tant de celui ou ceux qui iront par ladite ville, que de ceulx ou ils voudront aller parler, les feront mettre en prison iusques au lendemain qu'ilz en aduertiront le conseil, pour y pouruoir ainsi que de raison.

Deffences sont aussi faictes à tous soldatz tant de la ville que estrangiers, et aussi aux manans et habitans, et tous autres qui seront dans ladicte ville de ne tirer harquebousades après que la garde sera posée, iusqu'à six heures du matin, sinon aux soldats de garde en cas de nécessité, sur peine de perdition des armes, prison et amende arbitraire, ainsi que le cas meritera, pour la première fois, et pour la deuxiesme de trois coups de cordes : et à tous soldatz de ne donner fausse alarme, à peine de la vie.

Puis aussi qu'il a pleu à Dieu chasser hors ladicte ville toute idolatrie, et que c'est chose grandement pernicieuse viure sans religion, est enioint auxdicts manans et habitans de ladicte ville, qui souloyent tenir la part de l'église romaine, de quelque estat, qualité ou condition qu'ilz soyent, de frequenter les presches qui se font ordinairement en ladicte ville, et les aller ouyr à tout le moins deux fois la semaine, sauoir le dimanche et mercredy qui sont iours de prieres, à peine de dix livres d'amende pour chascune foys qu'ilz seront deffaillans, applicables les deux tiers aux prieres (sic) et le tiers à celui ou ceulx qui deuonceront les deffaillans et contreuenans à la présente enionction, etc. Voyez ci-dessus au 12 *mai*.

1562.—*Juillet* 19. Arrivée de M. de Soubise.—Le baron des Adrets part pour le Dauphiné. J. Morin, v., 173. — M. de Soubise était envoyé à Lyon par le prince de Condé pour y remplacer des Adrets dans le commandement militaire de cette ville. A son arrivée, il trouva les couvents tous pleins de catholiques qui y étaient « gardez estroitement. » Il les fit mettre en liberté, et leur permit de sortir de Lyon avec leurs femmes et leurs enfants « en « payant la rançon à laquelle chacun d'eux fut breveté. Il ne demeura nul « catholique en la ville qui eut moyen de se nourrir dehors, et en furent « les villes de Chambéry, Bourg en Bresse, Montluel et autres villes de Sa- « voye et de Bresse tellement peuplées qu'elles sembloient des petits « Lyon. » M. de Soubise avait amené avec lui la vicomtesse d'Aubeterre, sa sœur, « de laquelle les dames catholiques de la ville reçurent grand faveur « et courtoisie. » Rubys, p. 396.

1562. — *Août* 8. François Fabrice Serbellon, parent du pape, fait décapiter, à Avignon, messire Jean Perrin, seigneur de Parpaille, président à Orange, — « lequel avoit sacrilegement saisi et pillé tous les reliquaires « d'Orange qu'il avoit transportés *à Lyon* et convertys en monnoye pour sou- « doyer ses satellites et faire la guerre à Dieu. » César de Nostradamus, *Histoire de Provence*, p. 795 ; Ménage, *Dict. étymol.*, art. *Parpaillauts*.

1562. — *Septembre* 30. Mort de Jean II du Peyrat, capitaine d'une com- gagnie de chevaux-légers, tué au siége de Beaurepaire « les armes au poing, « combattant pour sa religion et son roy, contre les troupes des protestants « conduites par le baron des Adrets... » Rubys, p. 376. — Jean II du Peyrat était fils de Jean du Peyrat mort en janvier 1550 ; il était fiancé à Clémence de Bourges, surnommée la *perle des damoiselles Lyonnoises*, qui ne put survivre à sa douleur, et qui mourut la même année, à la fleur de son âge. Elle avait chanté et joué devant Henri II, en 1548, lors de l'entrée de ce prince à Lyon. Rubys, p. 384 ; *Notes* de Laurent-Josse Le Clerc sur Colonia. — C'est par erreur que, dans la *Biogr. lyonn.*, on a mis la mort de cette dame célè- bre à l'année 1557. Clémence était l'amie de Louise Labé qui lui avait dédié la première édition de ses œuvres, le 24 juillet 1555. Elle habitait dans la maison du seigneur de Myons, général de Piémont, son père, laquelle avait alors issue sur la place des Cordeliers et sur la rue de la Grenette. C. B., *Mél. et Nouv. mél.*, passim ; Clerjon-Morin, v. 151.

1562.—*Septembre*... L'église de Saint-Just est démolie par les calvinistes. —Déjà le magnifique cloître voisin de cette église avait été rasé par les sol- dats provençaux et genevois du baron des Adrets, auxquels avaient été con- traint de s'adjoindre les habitants de Saint-Just et de Saint-Irenée. Voyez *Verbal et information* faite par l'autorité du roy Charles IX de la ruine de l'église, cloistres, maisons canoniales... de Saint-Just de Lyon, etc. Lyon, 1662, in-4°. —Les différentes maisons religieuses de Lyon firent dresser de pareilles informa- tions, en 1564 ; mais il ne parait pas qu'elles aient été imprimées. On doit en trouver les originaux dans les archives du royaume et dans celles de la ville de Lyon et de la préfecture du Rhône. Voyez ci-après, 1565.

1562.—*Novembre*... «Le seigneur de Soubise, commandant à Lyon et dans le gouvernement du Lyonnais, veut activer la construction des fortifications de cette ville. Les personnes qui devaient fournir des hommes paieront à l'a- venir deux sols par semaine et par homme qu'ils devaient fournir. Les trente- six penons de la ville seront chargés de recueillir cet argent. Les étrangers qui sont venus s'établir dans cette ville seront soumis à la même taxe suivant leur fortune. On les contraindra à la payer par toutes les voies de droit jus- qu'à la prison. Les penons feront un rigoureux recensement de leurs quar- tiers, feront vendre, chez ceux qui auraient refusé de payer la taxe, des meu- bles jusqu'à concurrence de la cotisation fixée, sans aucune acception de personnes, sous peine de s'en prendre à eux.»—Extrait inséré dans les *Nou- velles archives du Rhône*, I, 219, où cette ordonnance a été donnée sous la fausse date de 1597.

1562. — *Décembre* 15. Les maîtres des métiers et les terriers annulent l'élection faite, l'année précédente, des six conseillers qui devaient servir pendant celle-ci, attendu qu'ayant abandonné la ville, ils devaient être con- sidérés comme indignes de leur charge. On procède en conséquence à l'élec- tion de douze conseillers au lieu de six, et on arrête « qu'avant qu'ils se puis- « sent ingérer en la cause publique, ils seront tenus de rapporter, de mes- « sieurs du consistoire établi à Lyon, certification de leur foi. » J. Morin, v, 174.

1562.—*Décembre* 19. Mort de Jacques d'Albon, maréchal de Saint-André, gouverneur de Lyon. — Il avait succédé à Jean, son père, le 25 août 1550, et fut remplacé par Jacques de Savoie, duc de Nemours, nommé par lettres du 27 *décembre* 1562.

1562. — *Décembre* 21. André Martin, principal du collége de la Trinité, prononce l'oraison doctorale dans le *temple* de S.-Nizier. J. Morin, v, 175. — Il est à croire qu'André Martin embrassa la réforme pour conserver sa place pendant l'occupation des calvinistes. Il avait succédé à Barthélemi Aneau (voyez ci-dessus au 12 *juin* 1561), et mourut en 1565. Après sa mort, le collége fut remis aux jésuites. C. B., *Nouv. mél.*, p. 213; J. Morin, v, 213. Voyez ci-après, 1er *mai* 1565.

1562. — Les conseillers recteurs de l'Hôtel-Dieu de Lyon changent le costume des sœurs desservantes de cet établissement. Au lieu de robes blanches, elles porteront à l'avenir des robes noires avec des tabliers de toile blanche et des coiffes qui ne seront pas empesées, à l'instar des femmes simples de la ville. On leur enjoint, ainsi qu'aux serviteurs de la maison, d'assister aux prêches et autres exercices qu'y feront les ministres de la réforme, d'y vivre en paix et ne causer aucun scandale. Dagier, *Hist. de l'Hôtel-Dieu de Lyon*, 1, 110.

1562. — Mort de Matthieu de Vauzelles, avocat du roi au parlement de Dombes, etc. Il avait été juge-mage de Lyon et échevin (en 1524). On a de lui un *Traicté des péages*, Lyon, *Jean de Tournes*, 1550, in-4°, « plein de « fort belles et doctes recherches. » *L'Epistre de l'auteur au lecteur*, datée de Lyon, ce xiie de décembre 1549, est suivie de ce dixain de Maurice Scaeve (sic) «en grace de si charitable et vertueuse œuvre de l'autheur :

> Qui pour la fame, ou l'honneur entrepreud,
> Entre Mortelz c'est chose autant louable,
> Et qui labeure à son besoing, il prend
> Part de la gloire à luy seul proufitable.
> Mais par sus tout est saintement louable,
> Et tel tousiours l'estimeray celuy
> Qui sans espoir de loyer ou d'appuy,
> Fors de vous, Loix, sainctes et eternelles,
> Trauaille au bien et publiq' et d'autruy
> (Comme on peult voir) à l'ombre de vos esles. »

On trouve à la fin du volume une bulle de Sixte IV, datée du 1er juin 1486 «contenant pleniere remission à tous les bienfaiteurs de l'Hostel-Dieu « de Lyon. » Parmi ces bienfaiteurs, Matthieu de Vauzelles cite, p. 152 de son livre, « feu messire Guichart de Pavie, prieur de Montrottier, lequel « fit faire plusieurs beaux édifices et chapelles, tant celles des Sybilles en « l'abbaye d'Esnay, dont il estoit enfermier (sic) que audit Montrot-« tier, et autres ses benefices : et fit plusieurs belles fondations, et mesme-« ment par toutes les eglises de Lyon : le reste donna aux poures dudit « Hostel-Dieu. Car il auoit priuilege du pape de pouuoir tester à pies causes « bon et vallable, *Vt in simili consuluit* Barba. Consil. xxiii vol. 1. » Matthieu de Vauzelles est encore auteur d'une Consultation écrite en latin sur le testament de Pierre Peyron, notaire à Lyon, qui avait institué pour héritières universelles ses deux filles Jeanne et Marguerite laquelle avait légué les biens que son père lui avait laissés à Jean de Vauzelles, prieur de Montrottier.

Cette Consultation dans laquelle Matthieu de Vauzelles plaide la cause de Jean de Vauzelles contre les frères Fournier, fils de Jeanne Peyron, fut imprimée par J. de Tournes, Lyon, 1552, in-4° de 29 pages (B. de Lyon, 56, n° 19039). — Jean de Vauzelles, probablement frère de Matthieu, était parent de Maurice Scève; il est auteur de quelques ouvrages mentionnés par La Croix du Maine qui a omis celui qui a pour titre : *Les Simulachres et historiees faces de la mort*, etc., à Lyon, soubs l'escu de Cologne (enseigne de François Frellon, libraire), M. D. XXXVIII, in-4°, à la fin duquel on lit : « Excudebant Lugduni *Melchior* et *Gaspar Trechsel* fratres. 1538. » Ce livre que M. Brunet a décrit, *Man.*, III, 345, ne porte pas le nom de l'auteur, mais il est précédé d'une dédicace, en tête de laquelle on lit : « A moult « reverende abbesse du religieux couvent Sainct-Pierre de Lyon, Madame « Jehanne de Touszele, *Salut d'un vray zele*. » Or, on sait que ces derniers mots *d'un vray zele* étaient la devise que Jean de Vauzelles substituait à son nom. Voyez son article dans la *Biogr. lyonn.*, p. 308, et les *Recherches* de M. Peignot *sur les Danses des morts*, p. 55 et suiv.

1562. — Mort, à Bourges, de Pierre Prestreau ou Petreau, célestin, né à Lyon, auteur d'un poëme latin, resté inédit, sur l'apparition de S. Pierre Célestin, aux habitants d'Aquilée, poëme dont voici les deux premiers vers :

> Segnis apollineos torpor ne obnubilet artus,
> Ocius exsurgens, *Musula*, rumpe moras;

— La même année, mourut un autre célestin du couvent de Lyon, Pierre de Sure, qui cultiva aussi *la petite muse* latine. Becquet cite les premiers vers de trois de ses poëmes; celui de la Translation de S. Pierre, Célestin, commençait ainsi :

> *Musula*, si quæris gracili satiata cothurno
> Egregiæ virtutis opus...

Le seul ouvrage de Pierre de Sure qui ait été publié, a pour titre : *Le Voyage spirituel du Pèlerin de la Sainte-Mère l'Eglise romaine* (S. Pierre de Luxembourg), *jadis illustrissime cardinal, avec sa vie*; à Avignon, chez *Jean Parmentier*, 1562, in-8°.

1563. — *Mars* 18. Les protestants, maîtres de Lyon depuis le 30 avril de l'année précédente, adressent au roi un mémoire qui fut publié sous ce titre : *La juste et sainte deffence de la ville de Lyon*, etc., Lyon, 1563, petit in-8° (réimprimé dans les *Archives curieuses de l'hist. de France*).

1563. — *Mars...* Edit de Charles IX qui établit des juges pour terminer les différends qui interviendront pour raison de la levée et perception des droits de la douane (1) de Lyon, etc. *Privilèges des foires de Lyon*, p. 596.

---

(1) *Douane*. Spelman dit que les Italiens ont emprunté ce mot des Français. *Dictum*, ce sont ses mots, *a telonio Lugduni Gallorum, cui id nominis; atque inde translatum in Italiam*. Le P. Menestrier qui écrit *doane*, dit au contraire et avec raison que ce mot vient de l'italien *dogana*. Ce furent, suivant lui, les Lombards qui introduisirent en France cet impôt, et qui en ont longtemps tenu la ferme. *Hist. cons.*, p. 121. Voyez le *Dict. étymologiq.* de Ménage, 1, 480; le *Glossarium* d'Adelung, v. *Doana* l'*Hist. des sciences mathématiq. en Italie*, par G. Libri; II, 287, et le *Dict. des rues de Lyon*, par M. Breghot du Lut; voyez aussi *infra*, année 1574, *ad calcem*.

— « Antérieurement au régne *de François I*[er], une seule douane existait à Lyon, et le droit ne se payait que sur les draps de soie et d'or et d'argent venant de l'étranger. C'était une protection accordée aux fabriques de Lyon et de Tours. François 1er étendit les droits de douane sur les matières premières, c'est-à-dire, sur les soies teintes et cuites venant de l'Italie, de l'Espagne et du comtat Venaissin. Le droit était de 5 pour cent, lorsque les soies devaient se consommer dans le royaume. Il devait être perçu à Lyon, et on l'augmenta de 2 et 1/2 pour cent au profit de la ville... En 1547, année de de la mort de François Ier,... on emprunta en foire de Lyon, 6,850,844 livres 10 sous, probablement en avance sur la recette courante... En 1564, Charles IX substitua le pont de Bonvoisin à la ville de Suze, pour l'entrée des marchandises d'Italie (et fit, le 4 avril de cette année, un nouveau règlement pour la douane de la ville de Lyon). Sous Henri III, Lyon devint le siége de la douane pour toutes les marchandises du Levant, et Narbonne pour les étoffes et marchandises d'Espagne. Les marchandises venant d'Angleterre, de France et d'Allemagne, destinées pour l'Italie et les côtes d'Espagne, furent tenues d'aborder à Lyon et d'y acquitter les droits de douane. Cette obligation onéreuse fit chercher au commerce étranger une navigation directe avec l'Italie, et les Hollandais et les Anglais s'empressèrent de la lui procurer. » *Hist. de l'Economie politiq.*, par le vicomte Alban de Villeneuve Bargemont, 1, 343 et suiv.; *Hist. de Lyon*, par J. Morin, VI, 76 et suiv.

1563. — *Juin* 9. Le Consulat adhère à l'édit de pacification du 18 mars précédent, dans lequel il est dit que les ecclésiastiques rentreront en la ville, dans la possession de leurs biens, et dans l'influence du culte catholique ; que deux temples seront affectés à l'église réformée, et que défenses seront faites aux sectateurs des deux cultes de s'outrager et provoquer. — Le Consulat se borne à prier le roi de ne pas permettre que les ecclésiastiques « voysent par la ville processionnellement portant leurs reliques et idoles « accoustumées. » J. Morin, v. 189. Voyez aussi Le Laboureur, *Maz.* 11, 16. — Un des articles de l'édit de pacification portait que ceux qui étaient gouverneurs des provinces et de ville quand survinrent les troubles reviendraient dans leur gouvernement. Le comte de Sault n'avait pas tardé à revenir à son poste ; mais « ayant osté son masque, il n'alloit plus à la messe, ains faisoit profession de calvinisme. » Rubys, p. 399. Voyez ci-dessus, 25 *septembre* 1561, et ci-après, 5 *juillet* 1564.

1563. — *Juin* 15. Le maréchal de Vieilleville, commis par le roi pour faire exécuter à Lyon l'édit de pacification du 18 mars, arrive en cette ville. Rubys, p. 399; J. Morin, v, 190; Ménard, *Hist. de Nismes*, IV, 330. Voyez ci-après, 5 *juillet* 1564 et *septembre* 1570.

1563. — *Juin* 19. Charles du Moulin, célèbre jurisconsulte, qui se trouvait alors à Lyon, y publie son *Catéchisme.* — Irrités de cette publication qui pouvait les compromettre, Messieurs du Consistoire le firent arrêter et mettre en prison, sur une accusation calomnieuse. M. de Soubise lui ayant donné des juges devant lesquels il comparut, du Moulin fut élargi le 20e jour de son emprisonnement. Niceron, xxxiii, 95, 96 et 115. — L'accusation calomnieuse dont parle Niceron, est probablement celle qui attribuait à du Moulin un livre qui parut alors à Lyon, sans nom d'auteur ni d'imprimeur, la *Défense civile et militaire des innocens et de l'Eglise du Christ.* Ce livre qui paraissait attaquer l'autorité absolue de la Couronne, fut censuré par le Consistoire et dénoncé à M. de Soubise qui ordonna que tous les exemplaires seraient supprimés « sous peine à ceux qui s'en trouveront saisis, et qui les « auront distribués..., d'être pendus et étranglés, sans aucune forme et figure « de procès, et sans espérance de grâce ni de modération de peine. » J. Morin, v, 190. Voyez aussi Teissier, *Éloges des hommes savants*, ii, 263.

1563. — *Juin* 24. « De par Monseigneur de Vieilleville, maréchal de France et lieutenant-général pour le Roy ès pays de Lyonnois, Dauphiné, Provence et Languedoc, — il est ordonné que nonobstant la publication de l'édit de la paix pour accommoder ceux de la pretendue religion reformée, qu'il ne sera rien innové des lieux où les prédications se font pour le jourd'huy, jusque à dimenche pour tout le jour, et commenceront dès lundy ensuivant, faire leurs presches ès temples des Cordeliers et de Confort de là la Saône : et deça la Saône, au lieu nommé la Chana où de present sont les enfants orphelins, auquel lieu ils continueront l'exercice de leur religion iusques à ce qu'ils ayent basti les lieux qui serviront cy aprez à cet effet, et pour ce faire, entendu les grands frais qu'ils ont à fournir pour licentier les gens de guerre qu'il faut premierement deliurer, nous leur avons donné temps de construire lesdits lieux jusques à six mois à compter du jour et datte de ces présentes : après lequel seront tenus réellement et de faict se départir desdits temples au mesme estat qu'ils les auront trouvez : et néantmoins pourront retirer les sièges qu'ils ont faicts aux autres temples pour l'exereice de leur religion. Défendant à toutes personnes de quelque qualité et condition qu'ils soient, tant de l'une que de l'autre religion, de contrevenir à nostre présente ordonnance sur peine de punition corporelle. Et afin que personne n'en prétende cause d'ignorance, avons ordonné les présentes estre publiées à son de trompe et cry public ès carrefours et lieux accoustumez en cettedite ville. Donné à Lyon le 24ᵉ iour de iuin 1563. Ainsi signé Vieilleuille. Par commandement de mondit seigneur le maréchal de Neufville. M. ; Paradin, p. 373.

1563. — *Juillet* 1ᵉʳ. Les foires qui, pendant les troubles, avaient été transferées à Châlon-sur-Saône, sont rétablies à Lyon par une ordonnance du maréchal de Vieilleville. Paradin, p. 365 et 373 ; J. Morin, v, 192.

1563. — *Juillet* 18 (*Dimanche*). Le maréchal de Vieilleville fait célébrer la *première messe* à St-Jean où il assiste avec les magistrats de justice, qui étaient revenus par son commandement pour reprendre l'exercice de leurs fonctions, et qui étaient tous catholiques. — La messe fut dite par le P. Emond Auger, Jésuite, qui prêcha avec tant de zèle qu'il fit pleurer tous les assistants. Pendant l'office, le comte de Sault, qui avait embrassé le calvinisme, se promenait avec sa garde sur la calade de St-Jean, pour empêcher qu'il n'y survînt aucun désordre. Rubys, p. 400 ; A. P., *Notice sur Emond Auger* (Lyon, *Barret*. 1828, in-8°) — M. Morin, *Hist. de Lyon*, v, 195, place au 29 *août* le rétablissement du culte catholique à Lyon ; c'est une erreur, du moins nous le croyons, et nous pensons que la date du 29 *août* doit être celle du jour auquel le service divin fut célébré dans toutes les autres églises, d'après l'ordre du roi communiqué au Consulat, par le comte de Sault, le 26 du même mois d'août. Nous ajouterons avec Rubys, p. 400, que le P. Auger, à partir du 18 juillet, avait continué à dire la messe et à prêcher tous les jours à St-Jean, et qu'il fut secondé « par le bon frère Jacques Pyrus, « prieur des Iacobins, que les Protestans avoyent longuement tenu prison-

« nier à Pierre-Scize... » — Une seule église, celle des Cordeliers, resta aux protestants pour l'exercice de leur culte, mais prévoyant qu'ils ne pourraient pas la conserver, ils obtinrent du maréchal de Vieilleville la permission d'édifier un temple sur les fossés de la Lanterne. « Et lors , dit Rubys , p. 402 , ils se mirent tous grands et petits , hommes et femmes , à porter la terre pour combler lesdicts fossez, et faisoit bon voir les damoyselles deux à deux, restroussées jusqu'à mi-jambes, montrant la greue, et la chausse bien tirée, portant le benot par les manilles , chantants leurs chansons de Marot et de Beze , à gorge desployée , et se faisoyent maintes belles collations es jardins de là environ, non sans beaucoup de commodité pour les amoureux... » J. Morin, v, 197 et 219. Voyez ci-après, *septembre* , 1567.

1563. — *Juillet...* Les chanoines de la cathédrale reviennent dans leur église. M.

1563. — *Août* 10. Les Protestants tiennent à Lyon le quatrième synode national des églises réformées de France. — Pierre Viret , alors ministre de l'église de Lyon, remplit, dans ce synode , les fonctions de modérateur et de secrétaire. Un médecin de Lyon , Jérome Bolsec, y figure dans le *rôle des ministres déposés et vagabonds*, et y est qualifié d'*infame menteur et apostat.* Aymon , *Synod. nat.* , t. I, part. II, p. 32 et suiv. ; *Ducatiana*, p. 367 ; J. M. V. Audin, *Hist. de Calvin*, II, 255.

1563. *Septembre...* Publication de l'ordonnance de Charles IX du 10 de ce mois contenant « defenses de publier ou imprimer aucun livre ou écrit en ryme ou en prose, sans permission du seigneur roy, sous peine d'être pendus et estranglez. » Il fut aussi ordonné « que trois fois l'an seroit faite la visite des officines et boutiques des imprimeurs , marchands et vendans livres à Lyon, par deux bons personnages d'église, députés l'un par l'archevesque, et l'autre par le chapitre dudit lieu, avec eux le seneschal de Lyon. » *Conf. des Ordonnances*, p. 1031. M.

1563. — *Octobre...* Le P. Emond Auger fait imprimer son *Catéchisme et sommaire de la religion chrétienne avec un Formulaire de diverses prières catholiques et plusieurs advertissemens pour toutes manières de gens* (Lyon , *Michel Jove*, in-16). La permission qu'obtint Michel Jove , imprimeur-libraire, pour publier ce Catéchisme, fut donnée par le sieur Dufournel , lieutenant-général , sur le certificat de Jean Cybérand , official de la primatie de Lyon , et vicaire substitué du cardinal de Ferrare , archevêque et comte de Lyon , le 16 octobre 1563. — Ce *Catéchisme* , si rare aujourd'hui, eut un grand nombre d'éditions, et fut traduit en latin et en grec. Sébastien Nyvelle en débita , dit-on, dans la seule ville de Paris , en l'espace de huit ans, 42,000 exemplaires. Il est à remarquer qu'on fixe au même nombre les Protestants qui furent convertis par le P. Auger. C. B. *Nouv. mél.*, p. 215. Voyez ci-dessus, 19 *juin.*

1563. — Le roi Charles IX désirant se décharger d'un grand nombre de gens de guerre étrangers qu'il avait en son royaume, auxquels il devait des sommes notables , fait publier un édit pour l'aliénation des biens immeubles du clergé du royaume, jusqu'à (concurrence de) cent mille écus de rente. « L'exécution de cet édit (rendu en mai 1563) fut fort pressée. Les départements faits, le diocèse de Lyon fut cottisé à la somme de 68 mille livres pour une fois, pour le payement de laquelle les officiers du roi travaillèrent si diligemment que la justice ordinaire haute, moyenne et basse de l'archevêque de Lyon fut mise en criées et adjugée au roi pour la somme de 3o mille livres, et pour le supplément de prix, le roi assigna audit archevêque douze cents livres de rentes à prendre sur la recette générale de Lyon, et de plus récompensa en offices royaux tous les officiers de ladite justice. Et ainsi cette justice ordinaire qui étoit entre les mains de l'archevêque de Lyon, fut unie et incorporée à la senechaussée et siège présidial de Lyon, et fait domaine de la Couronne.. » Dupuy, *Traitez touchant les droits du Roy*, p. 873. — On lit dans le même ouvrage, p. 348 : « Pour ce qui est de la ville de Lyon et du Lyonnois, la seigneurie et la juridiction dont les archevêques jouissoient d'ancienneté sous la souveraineté et le ressort de nos rois, le transport par échange en fut fait en l'année 1312, au roi Philippe-le-Bel et ses successeurs, par Pierre de Savoie, archevêque de Lyon. Et encore que le roi Philippe-le-Long eût remis et quitté sans juste ni légitime occasion ses droits à l'archevêque, en l'année 1320, néanmoins en l'année 1563, le roi Charles y rentra et continua la possession de ses prédécesseurs.

1564. — *Avril* 15. Antoine du Pinet (1) dédie au comte de Sault les *Plantz, pourtraictz et descriptions de plusieurs villes et forteresses, tant de l'Europe, Asie et Afrique, que des Indes et terres neuues, etc.* A Lyon, par *Ian d'Ogerolles*, M. D. LXIII. In-fol. — Le comte de Sault est qualifié par du Pinet, de « chevalier de l'ordre du Roy, et lieutenant dudit seigneur à Lyon. » A la suite de la Dédicace est une « Description de la seigneurie de Sault, et dépen- « dances d'icelle, etc. » Vient ensuite une *Ode à Monseigneur le comte de Sault, Gouverneur du Lionnois*, par N. R. P. (Nicolas Reynault ou Regnaud, Parisien), etc., etc. La description de Lyon, précédée du plan gravé de cette ville, occupe les pages 29-37. Du Pinet y répète à peu près tout ce que Champier avait dit avant lui ; nous n'en extrairons que les dernières pages qui font connaître l'état de Lyon à cette époque :

« ... Lyon est aussi fort riche en manufactures : de sorte qu'il y a peu de villes, je ne diz pas en France, mais en Europe, où les artizans ayent meilleure commodité de faire proffit qu'en ceste-cy. Aussi l'a-on (sic) tousiours tenuë comme un Fondigue (2) de deniers. Sur quoy je m'esbahiz de l'opinion d'aucuns, qui pensent les deniers des Banquiers estrangers tant Allemans, Italiens, que Espagnols, et Portugallois avoir esté, et estre cause de la richesse de Lyon. Vray est que où le maniement des deniers est, il apporte, par necessité, profit. Mais à qui ? n'est-ce pas à ceux qui le manyent, qui enfin, souz ombre de mille escuz de monstre, et de bonne parade, pour vn an, ou deux, viennent à auoir promissions et credit de dix mille, voire de vingt mille escuz, et puis laissent vne faillite pour memoire de leur prud'hommie ! Joinct que tout ce qu'ilz manyent (hors-mis la marchandise d'Allemaigne) n'est que superfluité et destruction totale d'un royaume. Du temps de ces braves roys de France, qui portoient les chapperons à borreletz et à cornette, et les cheveux longs, à la Boëmienne, pensez-vous que les gentils-hommes et cheualiers laissassent de donner coups de lances à cause de leurs chausses à queuës, ou à la martingale ? Vne Damoiselle vestuë de fine escarlate rouge, ou violette, ne sentoit-elle aussi bien sa femme de bonne maison, que nos femmes de court font aujourd'huy avec leurs droguetz de soye, et leurs estamines de toyle d'ortie ? En ce temps-là, le marchand estoit aysé à remarquer d'auec le gentilhomme, et le gentil-

____

(1) Du Pinet, né à Besançon, a fait un long séjour à Lyon, et y a publié la plupart de ses ouvrages.

(2) Bourse, douane, dépôt, etc. Voyez Roquefort, *Glossaire*, V° *Fonde* et *Fondie*.

homme d'auec l'homme de longue robbe (1) : et tous néantmoins vestuz
de draps de laine. Lors n'estoit question qu'vn simple bouchier, ou artizan
Lyonnois portast vn ascoustrement de trente escuz de façon, sans l'es-
touffe, toutes les festes. Tous n'auoient pas la douzaine de paires de chausse
de douze escuz la pièce, comme nous y avons veu de nostre temps. Mesme
qui ne les pouoit auoir, se mettoit à ribler, à voler cappes, et à crochetter
boutiques, la nuyt, et le tout pour estre aussi braue et si hault au gibet,
que son compaignon. Et d'où venoit tel désordre, sinon de la bombance et
superfluité des draps de soye practiquée et moyennée à Lyon par les banquiers
estrangers, qui, souz ceste douce poyson, ont tiré tous les deniers hors de
ce royaume. Je ne diz mot des reventes et finances dont les diables Sainct
Martin (sic) de ces vsuriers et succeurs des poures mal-aduisez, ont ruyné
tant de bonnes maisons. Et par-ainsi, vous, Messieurs de Lyon, ne soyez trop
eschauffez après telles denrees : dressez, en vostre ville, des arts et traffiques
nécessaires à la conservation de vostre republique, et qui induisent les nations
estranges à vous venir rechercher. Si le cours des draps de soye cesse, resta-
blissez la laine en son entier, et luy déférez l'honneur qu'elle a eu de tout
temps. Ne fait-il aussi bon voir un gentilhomme auec un collet de maroquin
ou de buffle, qu'auec un pourpoint de satin bien broché et pourfillé ? Si fait
certes. Pour cela néantmoins ie ne veux nier que les draps de soye ne soient
faitz pour l'vsage de l'homme, et que le chrestien n'en puisse vser, et s'en
servir, modestement et auec actions de graces : mais seulement ie taxe l'abus,
lequel i'ay veu si grand en ceste ville, que les tailleurs y estoyent princes, et
comme petitz roys, tant estoyent grandes et superfluës les façons des ha-
billemens. L'homme chrestien se contente d'estre honnestement et simplement vestu : aussi fera la femme d'honneur, sans estre ialouse de l'attiffet
de sa voysine. Et principalement auiourd'huy que la reformation euangelique
y a lieu. Qui est vn poinct fort à noter. Car il n'y a eu Ordonnances royaux,
Siège Présidial, Lieutenant criminel, Iuge criminel, ny Prevost, qui ayent
sceu ny peu abbaisser la superfluité des habitz, destruire la paillardise, les
blasphemes, et les voleries ordinaires auxquelles ceste poure ville estoit tant
subiecte, quelque force qu'ilz ayent mise après. Et neantmoius dez que ceste
saincte semence Euangelique y a esté semée, on a veu tout cela evanouïr,
comme fumée, pour le moins les desordres n'y sont plus si vulgaires qu'ilz
estoyent du passé. Recognois donc (ô ville de Lyon) ceste main de Dieu,
et tu seras heureuse. Ne pense pas que le Diable fasse tes foires riches et
marchandes. Tout ton bien vient de Dieu, et d'iceluy fault attendre ta pros-
périté. Iette donc ton espérance en luy, durant les trauerses que tu sens à
present, et il t'exaucera. Pense à la grande grace qu'il t'a faict, veu le changement qui aduint en toy le dernier d'apuril de l'an passé mille cinq cens
soixante deux, que le tout a esté faict, sans effusion de sang. Y eut-il onc
peuple plus acharné l'vn sur l'autre, qu'estoyent les Euangelistes, contre
ceux qui tenoient le party de l'Eglise de Romme, veu mesmes les aduertis-
sements qu'ils auoient des entreprinses contre eux dressées : et comme on

(1) «Il serait à désirer pour les manufactures de Lyon, disait, deux siècles plus tard, le marquis
de Carraccioli, qu'on s'habillât autrement qu'avec de la mousseline et de la toile. On ne voit
plus les femmes qu'en deshabillé, toujours en blanc, en hiver comme en été, et cette mesquine
monotonie ne ressemble en rien à la véritable parure. On a beau changer de robes toutes les
semaines, comme c'est toujours la même toile et la même couleur, cela n'a rien de paré.
Aussi voit-on la femme du commun aussi bien vêtue que la duchesse. C'est un délire qui ne
peut pas toujours durer. » *Voyage de la Raison;* Paris, 1770, chap. LXXIII.

déliberoit leur fermer la porte du pont du Rosne, pendant qu'ils seroyent au presche au faux-bourg de l'Eguillotiere, pour estre, par après, à la mercy de certains gentilz-hommes du Dauphiné et de Sauoye ? Le chapple et meutre de Vassy et de Sens, de quel eguillon leur a-t-il servy : et mesme ce qu'vn gentilhomme du Dauphiné dit à Lyon, au logis du Plat, qu'il en falloit exterminer la semence ; et que encores sa chemise estoit chaude et teinte du sang des Huguenotz de Sens ? Et néantmoins, ô Dieu, le tout est, iusques à présent, passé en telle modestie, que si tu chasses hors de toy et vengeances et pilleries, et que tu te conformes à la doctrine preschée au milieu de toy, tu serviras d'exemple de benediction aux autres villes de ce royaume, et accroistras ton los et renom de iour en iour. De quoy Dieu t'en doint la grace. *Amen.* »

1564. — *Juin* 1. *Fête-Dieu.* « Messieurs de S. Jean *font* la procession solennelle accoustumée d'estre faicte tous les ans ce jour-là.—Furent les rues tapissées, et y assista M. le mareschal (de Vieille-Ville) suivy d'une multitude infinie de peuple de tous les ordres et estats de la ville. Et durant icelle *M. de Sault* se promenoit par la ville avec sa garde, pour empescher qu'il n'y aduint point de desordre. » Rubys, p. 402 ; Le Laboureur, *Maz.*, II, 17.

1564. — *Juin* 13. Entrée de Charles IX et d'Henri, prince de Bearn (depuis Henri IV). Rubys, p. 402 ; *Cérémonial de Fr.*, I, 898 ; *Entrée solemn.*, p. 78 ; *Alm. de Lyon* de 1746, p. xlij ; J. Morin, v, 200. — Voyez aussi *Recueil et Discours du voyage du roy Charles IX* ,... par *Abel Iouan*, Paris, 1566, in-8°. Voici le passage de cet ouvrage qui a trait au voyage de Charles IX à Lyon : Après avoir passé deux jours à Châlons sur Saône, le roi partit de cette ville, s'embarqua le 3 juin sur la Saône « en un beau batteau que Messieurs de Lyon lui auoyent enuoyé, et alla « coucher à Mascon... » Le roi partit de Mâcon le 19, « et se rembarqua « en sondit batteau,... pour aller coucher à l'Isle (Barbe)... » Le samedi 10, « le roy s'en revint par eau pour aller souper à Lyon, au logis de M. le » Mareschal de Vieille-Ville, puis retourna coucher à l'Isle. » Le lendemain dimanche, le roi « disna et soupa audict lieu et coucha à Lyon (où il resta tout le jour suivant). » Le mardi 13 « le Roy, après disner passa la « riviere de la Sone pour aller faire son entree en ladicte ville. »

1564. — *Juin* 24. Déclaration du roi, datée de Lyon, qui interdit l'exercice de la religion reformée dans les lieux de résidence royale. — Lhopital était alors chancelier. *Mém. du Clergé*, VI, 95 ; *Recueil* d'Isambert, XI, 170 ; J. Morin, v, 201.

1564. — *Juin* 28. Lettres patentes contenant le règlement des poids, aulnes et mesures de France, à l'instar de Paris. M.

1564. — *Juin* 29. Charles IX va dîner et souper au château de Beauregard, belle petite maison (paroisse de St-Genis-Laval). Il y trouve son frère, Monsieur d'Anjou, et revint coucher à Lyon. Abel Jouan, *Voyage du roy par son royaume*, etc. — « Catherine de Médicis qui aimoit fort les Florentins établis en France, fut bien aise d'aller avec le roi, son fils, dans un château (1) qui appartenoit à un de ses compatriotes,... Thomas II de Gadagne,

---

(1) Le baron Jean-Baptiste de Fisicat qui le possédait ce château en 1789, et qui y faisait sa résidence, mourut victime de la terreur le 18 décembre 1793 ; deux de ses frères, Pierre Thomas de Fisicat, ancien chanoine d'Ainay, et M. le marquis de Fisicat, le vendirent en détail, vers les dernières années de l'empire, à différents particuliers qui, préférant l'utile à l'agréable, ont fait disparaître peu à peu les belles salles d'ombrage, principal ornement de cette ancienne villa. Lyon. Spon, *Recherche des antiquités de Lyon*, p. 196.

qui.... épousa Hilaire de Marconnay , et qui en eut Claude de Gadagne , seigneur de Beauregard ,... qui épousa , au château de Saligny , le 15 juillet 1604 , Eléonore de Saligny, fille de Lourdin-Gaspar de Coligny, seigneur de Saligny (Du Bouchet, *Preuves de l'Hist. de la maison de Coligny*, p. 1178). » *Notes* sur Abel Jouan , par le marquis d'Aubais. (*Pièces fugitives*, tome *I*er) ; Cochard , *Arch. du Rh.*, III , 95.

1564. — *Juillet* 4. Charles IX , ayant appris que le duc et la duchesse de Savoie se disposaient à venir lui présenter leurs hommages, se rend au-devant d'eux à Miribel pour les y attendre , et dîne au château de cette ville. Abel Jouan , *Voy. du roi*, etc.; Paradin, *Hist. de Lyon*, l. III, c. 39 ; Théod. Laurent, *Hist. de Miribel*. p. 8. — C'est par erreur que M. Fievée , *Biogr. univ.*, art. CHARLES IX , a dit que ce prince rendit à Lyon, ce même jour 4 *juillet*, l'ordonnance qui fixa le commencement de l'année au mois de janvier. S'il faut s'en rapporter aux auteurs de l'*Art de vérifier les dates*, I , 468, cette ordonnance aurait été rendue au château de Roussillon , le 4 *août* suivant. Toutefois, Charles IX n'aurait fait que renouveler l'article 39 de l'édit de Paris du mois de janvier 1563 (probablement 1564, n. s.), lequel article porte : «Voulons et ordonnons qu'en tous actes, registres, ins- « truments , contrats, etc. , l'année commence doresnauant et soit comptée » du premier jour de ce mois de janvier.»—C'est Raoul Spifame, avocat au parlement de Paris, qui eut le premier l'idée de commencer l'année au premier janvier; mais il était réservé au chancelier de Lhopital de faire cesser toutes les différences dans la manière de compter l'année en France. — Les secrétaires du roi exécutèrent l'édit au mois de janvier qui suivit celui du mois de decembre 1564; mais le parlement ne commença à l'exécuter qu'au mois de décembre 1566. Prost de Royer, *Dict. de Jurisp.*, IV , 739 et 823; *Biblioth. de l'Ecole des chartes*, tome 2 , p. 287. Voyez ci-après , 2 *novembre* 1582.

1564 (et non 1563). — *Juillet* 5. Départ du maréchal de Vieilleville (J. Morin , V , 191). — Avant son départ, M. de Soubize et le comte de Sault quittèrent Lyon, emportant tout ce qui leur appartenait. *Mémoires de Vieilleville*, l. X, c. XIII (où ce dernier fait a été placé par erreur sous la date de septembre 1570). — Vers la fin de cette même année 1564, le Consulat (qui était « partagé de catholiques et de protestants ») fit présent de mille écus d'or sol à M. le duc de Nemours, gouverneur de Lyon , pour qu'il fît rappeler le comte de Sault. *Notes* de M. Sudan qui renvoie à un acte consulaire du 20 octobre 1580. Voyez ci-dessus au 15 *janvier* 1562 , et ci-après au 10 novembre 1567. — Le comte de Sault «avoit été destitué de « son gouvernement à l'instance des trois estats de la ville et pro- « vince lyonnoise, et le sieur de Losses mis en sa place. » Le Laboureur, *Maz.*, II , 113.

1564. — *Juillet* 6. Charles IX , accompagné de la reine-mère, du duc d'Anjou et du prince de Navarre (depuis Henri IV), se rend , suivi des principaux seigneurs de sa cour, d'abord au château de Beauregard où il dîna , et ensuite au château du Perron, alors possédé par Albisse d'Elbène, qui leur offrit une magnifique collation. — Albisse d'Elbène, d'une ancienne famille de Florence, et Lucrèce Cavalcanti, sa femme, avaient acheté le château du Perron (situé à Oullins, près Lyon) d'Antoine de Gondy. Après différentes mutations, et en 1761, le Perron fut acquis par les administrations de l'Aumône générale de Lyon. *Voyage du roy*, par Abel Jouan; *Archives du Rhône*, II , 288. Voyez ci-dessus , 29 *juin*.

1564. — *Juillet* 7. Déclaration du roi portant que le *Solliciteur général* du roi n'est pas tenu de la consignation exigée par l'édit de novembre 1563. — En Angleterre, le procureur général s'appelle encore *Solliciteur général*. — Ce doit être aussi à Lyon que Charles IX rendit une autre déclaration, datée du 14 juillet, portant que, dans les villes qui ont un siège d'Archevêché ou d'évêché, ou une cour de parlement, l'élection des prévôts des marchands, maires, échevins et autres officiers municipaux sera double à l'avenir. *Recueil* d'Isambert, XI, 172.

1564. — *Juillet* 9. La violence de la peste qui s'était manifestée à Lyon depuis quelques jours, engage la cour à quitter Lyon et à aller en Dauphiné. — Le roi avait séjourné à Lyon vingt jours « durant lesquelz *il* prenoit plai- « sir à s'esprouuer sur la riviere apres souper, et à faire sonner les *Moresques* « qu'il faisoit bon veoir. » Charles reçut à Lyon l'ordre d'Angleterre, en retour du sien qu'il avait envoyé à la reine Elizabeth. Abel Jouan, *Voyage du roy.*

Avant son départ de Lyon, le roi ordonna qu'il serait construit une citadelle sur la colline de St-Sébastien. *Arch. du Rh.*, VIII, 21, et X, 315 (voyez ci-après, au 3 *mars* 1566 et au 30 juillet 1588). — La reine-mère ayant laissé M. de Birague à Lyon, pour gouverner en l'absence du duc de Nemours, le pape Pie IV en fut très-mécontent; car il taxait Birague de luthé-rianisme. P. Matthieu, *Hist. de Charles IX*, c. 5. — Le 4 *août*, la cour était au château de Roussillon. Voyez ci-dessus au 4 *juillet*. — Suivant Rubys, *Priviléges*, p. 30, la contagion de peste fut telle et si extrême « que « les deux tiers pour le moins du petit menu peuple en mourut, et la plus « part du reste des habitans fut contrainct s'enfuir çà et là pour eviter la « mort, et en fut laditte ville tellement deshabitée que l'herbe croissoit par « les rues.... » — On lit dans une lettre adressée par le Consulat à Henri IV, le 30 mai 1598, qu'il mourut à Lyon en 1564 « plus de 60 mille personnes, « pour n'y être deme uré aucun de qualité pour y tenir la police. » S.

1564. — *Septembre* 6. Mort à Montagny, près Lyon, de Jacques de Clèves, fils de François de Clèves, duc de Nevers et frère de François II. Guy Coquille, *Hist. de Nevers*, p. 253.

1564. — *Septembre* 9. Antoine d'Albon, élu archevêque de Lyon (en rempla-cement du cardinal de Ferrare, avec lequel il avait permuté en 1562), prend possession de son siège dans l'église de St-Symplorien-le-Château, en Lyon-nais, où les chanoines de St-Jean s'étaient retirés à cause de la peste. Cochard, *Arch. du Rh.*, v, 140. — Suivant le *Gallia Christiana*, ce serait à St-Sym-phorien d'Ozon, en Dauphiné. Nous avons lieu de croire que M. Cochard était mieux instruit. Ce fut aussi, suivant ce dernier historien, à St-Sympho-rien-le-Château que le chapitre de Lyon se retira pendant la peste de 1581. *Arch. loc. cit.* — Le nouvel archevêque ne vint à Lyon que vers les fêtes de Noël. On ne lui fit point d'entrée. Rubys, p. 404; J. Morin, v, 203. Voyez ci-dessus, 22 *avril* 1566.

1564. — Etienne et Guillaume de La Barge, chanoines, rendent au chapitre trois calices, deux bassins, trois chandeliers, deux encensoirs, deux galè-res, deux burettes et un reliquaire qu'ils avaient emportés pendant les der-niers troubles. — Deux autres chanoines rendent un reliquaire de la croix enchassée en or avec douze pierres précieuses et quatre perles. — Les dé-gâts faits à Lyon par les huguenots sont estimés plus de 50,000 écus, non compris la ruine des maisons. M.

1564. — Le chapitre soutient ne devoir aucun fief au duc de Montpensier, souverain des Dombes, mais, au contraire, qu'il le doit au chapitre, à cause de Trévoux, Chalamont, Montmerle, Beauregard et Châtelard, conformément aux transactions passées entre le chapitre et les prédécesseurs du duc. M.

1565.—*Avril* 5. Pierre Viret dédie à Renée de France son livre *de l'Estat et conférence de la vraye religion*, etc. — Sa dédicace est datée de Lyon. *Arch. du Rh.*, vi, 354. Voyez ci-après, 11 *Juillet* 1571.

1565. — *Avril...* « En ce mesme temps vindrent nouvelles que, dans la ville de Lyon, s'estoit levé une nouvelle secte aultre que calviniste et *viciste* (1) laquelle en l'escole des huguenots avoit baillé positions pour disputer, et disent qu'il ne faut aultre sacrement que le baptesme, et pour ce differerent leur cene. » *Journal de Bruslart*, t. i, p. 165 des *Mém. de Condé.*

1565. — *Avril...* Charles IX envoie à Lyon le sieur de Tavelles, gentilhomme ordinaire de la chambre, pour y recevoir les ambassadeurs des Ligues suisses qui viennent jurer le renouvellement d'alliance convenu entre lui et les Suisses. Il recommande aux habitants de les bien recevoir, et de leur faire « présent de vins, confitures et aultres honestetez accoustumées en semblables cas. » *Nouv. arch. du Rh.*, 1, 218 et 219. — Le 31 *mai* suivant, le Consulat donna aux ambassadeurs suisses un banquet où il y eut « cent trente personnes d'assiette et douze platz bien garniz. »—Les frais de ce banquet s'élevèrent à 523 livres, 12 sols, 6 deniers tournois. Voyez les *Documents tirés des archives de la ville* (de Lyon, par M. Godemard), p. 29-31.

1565. — *Mai* 1. Remise est faite des clés du collége de la Trinité, par deux conseillers-échevins, au P. Emond Auger, jésuite, lequel en prend provisoirement possession, au nom de sa compagnie, en vertu de l'autorisation qui lui avait été donnée par le Consulat. — Les jésuites éprouvèrent bien des obstacles avant de pouvoir s'établir à Lyon où les protestants étaient alors très-nombreux. Depuis près de quinze années tous leurs efforts avaient été impuissants, et, s'ils vainquirent les répugnances du Consulat, il paraît que ce fut grâce à la protection toute-puissante de l'archevêque Antoine d'Albon. Dès 1551, et par lettres patentes d'Henri II, du mois de janvier, ils avaient obtenu la permission de fonder un collége à Paris, mais « non ès autres villes. » *Recueil* d'Isambert, xiii, 178; Hallam, *Hist. de la litt. de l'Europe*, t. ii, p. 65 de la traduction française. — Suivant Menestier (notes inédites), les jésuites furent mis en possession du collége par Néry de Torvéon, lieutenant et magistrat criminel en la sénéchaussée et siége présidial de Lyon. Voyez ci-dessus, 21 *déc.* 1562, et ci-après, 28 *août* 1762.

1565. — *Juin* 6 (le mercredi après l'Ascension). Messire Antoine d'Albon préside un synode des recteurs et curés de son diocèse.. M° Jean Henrici, son suffragant, évêque de Damas, y fait lecture des statuts dressés par l'archevêque. — Ces statuts furent publiés l'année suivante par Léonard Janier, prêtre de St-Etienne-de-Furan et chanoine de St-Rambert-en-Forest, dans un volume ayant pour titre : *Probation des Saincts Sacremens de l'église*, etc. Paris, petit in-8°, réimprimé, *ibid*, 1577, in-16.

1565. — *Juin* 21. *Jour de la Fête-Dieu*. Un avocat qui avait loué le pre-

---

(1) *Wiklefistes*, suivant l'éditeur *des Mém. de Condé* ;— peut-être faut-il lire *Hussite* qu'on écrivait alors *Vssiste* ou *Vssite*.

mier étage de sa maison à un catholique, ayant voulu l'empêcher de tapisser, et ayant injurié un conseiller du présidial qui était intervenu, est arrêté par *M. de Losses*, et conduit en prison. — Traduit en justice, cet avocat fut condamné à faire, la torche au poing, amende honorable devant le siége du présidial et devant l'hôtel de M. de Losses, et en dix mille livres d'amende qui furent employées à reconstruire le palais royal de Roanne qui, suivant Rubys, en avait bien besoin. *Hist. de Lyon*, p. 405 et 502.—M. de Losses qui avait été nommé lieutenant-général au gouvernement de Lyon en remplacement de M. de Sault, était capitaine des gardes écossaises. Il avait été gouverneur d'Henri IV, dans sa jeunesse ; la reine Marguerite parle de lui dans ses Mémoires. Menestrier, *Notes chronolog.*, année 1561 ; Rubys, *Hist.* p. 404 et 407 ; le même, *Priviléges*, p. 37. Voyez ci-dessus , *5 juillet 1564*.

1565. —*Juin 29. Jour de S.-Pierre.* « ... Comme les catholiques de la paroisse de St-Pierre se rejouissoyent entre eux, dansants en la place qui est au devant de l'église, comme ils avoyent de coustume d'ancienneté, voilà un ministre protestant, nommé Ruffy, accompaigné d'un nommé Terrasson , lequel, pour avoir eu quelque commandement en la ville durant les troubles , se faisoit renommer capitaine, sort de sa maison, là voisine, et prend de gorge les catholiques, d'où s'esmeut grand rumeur ; et vint-on *de verbis ad verbera* ; et fut Terrasson terrassé, et demeura mort estendu sur la place. M. de Losses y accourut avec sa garde ; mais il ne peut jamais trouver qui avait fait le coup. Et néanmoins il fit emprisonner par soupçon plusieurs catholiques qui , puis trouvez innocents , et l'information veüe au conseil privé du roy, furent eslargis. Et Ruffy qui se trouvoit chargé d'avoir esté le promoteur et la cause du scandale et du désordre, fut chassé de la ville.» Rubys, p. 406 ; C. B. *Mél.* p. 169. Voyez ci-dessus , au *4 septembre 1560*.

1565. — *Juillet 31.* Claude de Rubys est reçu *à l'estat de procureur-général de la ville et communaulé de Lyon*, ensuite de la résignation qu'en avait faite à son profit, moyennant honnête récompense, maître Pierre Grolier qui l'avait eu par la résignation de Jean de la Bessée, son prédécesseur. Rubys, p. 406.

1565. —*Septembre...* M. de Losses est rappelé à Paris par Charles IX , qui le remplace par le président de Birague. Celui-ci arrive à Lyon vers la fin de ce mois , et prend les rênes du gouvernement, en l'absence du duc de Nemours (qui avait succédé comme gouverneur de Lyon, au maréchal de Saint-André , tué à la bataille de Dreux). Rubys, p. 404 et 407. Pendant son séjour à Lyon, de 1565 à 1568, M. de Birague fut la terreur des Huguenots. «Il les malmena, les écarta, et les défit en tant de rencontres « qu'il en acquit le glorieux titre de *Marteau des hérétiques* et de *défenseur* « *de la foy*.. » *Eloges hist. des Cardinaux illustres*, par Henry Albi (*Jésuite*) ; Paris, 1744, in-4°, p. 354.

1565. — *Octobre 3.* Ouverture solennelle des classes du collège de la Trinité. —Le P. Perpinien , Jésuite, prononce à cette occasion une harangue latine qui fut imprimée sous ce titre : *De retinendâ veteri religione ad Lugdunenses.* Ce religieux était arrivé à Lyon , le 18 septembre précédent, pour y expliquer l'Ecriture-Sainte, mais il fut bientôt appelé à Paris où il se trouvait au mois de juin de l'année suivante , et où il mourut le 28 octobre de la même année. Ses lettres contiennent des particularités curieuses pour l'histoire de notre ville. Ce Jésuite, omis à tort dans la *Biogr. univ.*, a un art. dans Moréri.

1565. — *Octobre 22.* Mort à Paris de Jean Grolier , trésorier général des armées françaises dans le Milanais, ambassadeur de François Ier à la cour de Rome, le Mécène des gens de lettres, et le premier bibliophile de son temps. Il fut inhumé dans l'église de S. Germain des Prés. On lisait sur son tombeau :

Cy gist Messire Jean Grolier en son vivant chevalier seigneur vicomte d'Aguisy, trésorier de Milan et de France en la charge et tresorerie outre Seine et Saone, général des finances du roi, qui trespassa le 22 octobre 1565. Priez Dieu pour lui.

Et au-dessous de son effigie :

« *Johanni Grolerio, Insubriæ dudum, Galliæ nuper qnæstori castiss. fideliss. integerr. V. C. virtutum omnium imprimis et venerandæ antiquitatis observantiss. studiosiss. Anna et Jacobella filiæ, Antonius et Petrus nepotes parenti cariss. m. m. m. P. P. vixit annos* LXXXVI. *Obiit* XI *kal. novembr* (1).

1565. — Pose de la première pierre de la nouvelle église de S. Just. Rubys, p. 159.—Cette nouvelle église fut construite sur les fondements d'un logis connu sous le nom de Saint-Antoine, acheté, par le chapitre, de François et Jean Langlois, le 21 septembre 1564. Ce n'est qu'au commencement du XVIIIe siècle qu'on a élevé la nef et la façade, et c'est en 1747 que l'on y a mis la dernière main. Cochard, *Notice sur le bourg de Saint-Just*, p. XIX.—En 1736, pendant qu'on bâtissait une nouvelle chapelle destinée à des stations sur les ruines de l'ancienne église de Saint-Just, détruite par les Huguenots en *septembre* 1562, on découvrit trois tombeaux antiques avec leurs inscriptions ; le premier était celui de *Flavius Florentius, ex tribun. militum qui vixit annos* LXXXVII, *militavit* XXXVIII, *et positus ad Sanctos probat. ann.* XVI ; le 2e celui d'*Aluvalo* ou *Alwalon*, archevêque de Lyon, vers la fin du IXe siècle ; et le 5e celui d'une jeune fille appelée *Leucadia*, consacrée à Dieu. Le premier tombeau contenait un squelette entier couvert de sa peau. A cette occasion le peuple ayant vénéré ces reliques, comme si elles eussent été de quelques saints, M. de Rochebonne, archevêque de Lyon, lança, le 12 décembre de la même année, un mandement qui ordonna de murer les portes de la nouvelle chapelle. *Archives dn Rh.*, IV, 167, et XIII, 265 ; *Mém. de l'Acad. des inscriptions*, XVIII, 242.

1566. — *Mars 3.* Fondation de la tour de la citadelle de S.-Sébastien, dont Charles IX avait ordonné la construction (voyez ci-dessus au 9 *juillet* 1564). — L'astrologue Junctin s'exprime ainsi, à propos de cette fondation : *Turris Lugdunensis fundationi fortuiter interfui, sed hanc horam (21 post meridiem) non approbavi, quoniam Mars quadrangulabatur Soli, et Saturnus conjunctus erat Lunæ, et Mercurius dominus horoscopii infortunatus erat : quare nunquam hoc œdificium ad perfectionem perveniet*, etc. SPECULUM ASTROLOGIÆ, I, 817. Voyez Laval, *Hist. des troubles*, livre IV, *ad calcem*, et ci-après, au 15 *juillet* 1588.

1566. — *Mars...* Mort de Louise Charly, dite Labé, surnommée la Belle-Cordière, célèbre par sa beauté et par ses talents littéraires, née vers 1525. — Claude de Rubys qui avait environ 27 ans lorsqu'elle mourut, et qui a dû la connaître, a porté sur elle le même jugement que Jean Calvin (2) et

---

(1) Voyez sur Jean Grolier son article dans la *Biographie lyonnaise*, p. 137, et ajoutez aux sources qui y sont indiquées : Arnett, *An inquiry into the nature and form of the books*, pages 139 et suiv.

(2) Voyez les *OEuvres de Lovize Labé*, Lyon, 1824, p. xli.

Pierre de Saint-Julien (1). Voici en quels termes il s'exprime, p. 27 des *Privileges des habitans de Lyon* publiés en 1574 : «... Entre lesquels martyrs « (ceux de la primitive église) furent la vertueuse dame Blandine que Pa- « radin devoit proposer à nos dames de Lyon pour mirouer et exemplaire « de vertu et de chasteté, et non cette impudique Loyse L'Abbé, que cha- « cun sait avoir fait profession de courtisanne publique jusques à sa mort... » Il est à remarquer qne Paradin qui n'est mort qu'en 1590 a laissé sans y ré- pondre cette accusation que Rubys a renouvelée de plus fort, dans l'*Avant-propos* de son *Hist. de Lyon*, publiée en 1604. Voyez la *Biogr. lyonn.*, p. 160 ; les *Arch. du Rh.*, I, 35, et III ; 160 ; les *Tablettes chronol.* d'A. P., année 1824, *ad calcem*.

1566. — *Septembre* 1. Fêtes à l'occasion de l'entrée de la femme du gou- verneur, la duchesse de Nemours. — Il y eut entr'autres réjouissances « une charavary ou chevauchée de l'asne contre les maris qui s'estoyent laissez battre à leurs femmes, qui fut chose fort plaisante à voir, et fut de l'inven- tion d'un nommé *Jean Perron*, imprimeur, et l'un des gardes du maistre des ports, homme fort facétieux et propre pour telles inventions. » Rubys, p. 409. Voyez le *Recueil faict au vray de la cheuauchée de l'asne*, etc. Lyon, *Guillaume Testefort*, pet. in-8°, réimprimé par les soins de MM. Duplessis, Breghot et P., Lyon, *Barret*, 1829, in-8°., — et ci-après, 17 *novembre* 1578.

1566. — *Décembre* 1. Mort d'Humbert de Masso, trésorier de France, échevin en 1554, inhumé dans l'église de S.-Paul avec cette inscription :

D. O. M. *Humb. de Masso, patritio Lugd. coss.* IIII. *quæstori regio de rep. opt. merito et Clementiæ Grol er, ejus conjugi carissimæ, Antonius Guiotus, Joannes, Petrus, Claudius et Magdalena parentibus optimis et pientiss. æterno fœdere conjunctis.* — P. C. *Obiit ille anno* χρι-MDLXVI. *Cal. dec. ætatis suæ* LXIII, *Illa anno* MDLXXX. XIV *cal. Jan. ætatis* LXXIII.

1566. Le roi envoie à Lyon deux cents suisses pour la garde de la ville. M.

1566. — Le chapitre passe procuration à Pierre de Pinac (Epinac) et à Marc de Passac, chanoine, afin de s'opposer à la publication du concile de Trente, pour ce qui concerne l'article qui révoque les exemptions de chapi- tres, étant en possession d'exemption de l'archevêque pour eux et tous ceux de leur église, avec leurs domestiques sur qui ils ont toute juridiction. M. ; *Biogr. univ.*, art. *Epinac* (d'.).

1566. — Le chapitre répond à la demande que le roi lui avait faite de changer la rente noble que l'archevêque et le chapitre avaient dans la ville contre ce que la reine avait en Auvergne. Cette pièce, dit le P. Menestrier, est curieuse, et contient de fort belles choses de l'église. *Notes inéd.*

1566. — Suppression de la fête du Guy. Voyez Prost de Royer, *Dict. de Jurispr.*, art: *A-Guy-l'an-neuf*, et les *Statuts de l'église de Lyon*, promul- gués en 1566 et en 1567.

1566. — Mort, à Limay-les-Mantes, de François de Larbent, célestin du couvent de Lyon où il était entré en 1512. — Il fut successivement prieur dans plusieurs maisons de sa congrégation. Il coopéra à la version de la Bible, donnée en 1550 par les docteurs de Louvain, et publia à Paris, l'année suivante, une traduction du *Paradisus animæ* d'Albert le Grand. Il a

____

(1) *Gemelles ou Pareilles*, Lyon, 1584, p. 324.

laissé en manuscrit un *Traité des articles de la foi, selon leur analogie avec la musique*. L'auteur, suivant Pernetti, 1, 331, soutient, dans ce bizarre ouvrage, que « tout ce qui appartient à la foi consiste dans le nombre, le poids et la « mesure ; il dérive de là le rapport de la foi avec la musique... La basse, « la taille et la haute-contre désignent la foi, l'espérance et la charité,... « Les articles de foi sont marqués par les jointures des doigts ; c'est la tabla- « ture des sons, etc. » — Les biographes varient sur l'orthographe du nom de ce religieux ; du Verdier et Becquet l'appellent *de l'Arben*, et dom François, *Arben*, sans particule ; nous croyons que son véritable nom est *Larbent*, car c'est ainsi qu'il est nommé dans un acte consulaire du 8 février 1531 (1532, n. s.). Peut-être était-il né à *Arben*, village du département de l'Ain.

1567. — *Septembre* 14. Les échevins de Lyon aliènent aux Jésuites le col- lége de la Trinité, en stipulant toutefois, par respect pour les actes de 1527, que la propriété du collége et même les accroissements qui pourraient y être faits, reviendraient à la ville, si la Société en quittait la direction. *Arch. du Rhône*, VII. — L'abbé du Tems, *Hist. du Clergé de France*, IV, p. 382, donne à cet acte la date du 17 *septembre*. Voyez ci-dessus, au 1ᵉʳ *mai* 1565.

1567. — *Septembre* 28. Charles IX adresse à M. de Birague, lieutenant- général de la province de Lyonnais, en l'absence du duc de Nemours, deux lettres datées, l'une de Meaulx, l'autre de Paris. — Ce prince était sur le point de signer la première de ces lettres, lorsqu'il fut averti que ceux qui s'étaient *élevés* contre l'autorité royale marchaient droit à lui pour le venir enfermer dans Meaux où avec lui étaient logés ses Suisses : « Ce que voyant, dit-il dans la seconde lettre, je me suis resolu de monter à cheval et emme- ner avecques moi lesdicts Suisses pour me mettre dans ceste ville de Paris : chose qui m'a si bien et heureusement succédé que, Dieu mercy, j'y suis de présent, comme aussi sont lesdicts Suisses, lesquels ils ont essayé d'en- tamer et les combattre, mais ils s'en sont si mal trouvez qu'ils n'en ont rapporté que la honte. Dont je vous ai bien voulu advertir, afin que, si, suivant leur coustume, ils faisoyent courir leurs bruitz accoustumez d'y avoir eu quelque avantage, vous puissiez certifier à tous mes bons et loyaux subjects qu'il n'en est rien... » — Ces deux lettres ont été imprimées, Lyon, *Michel Jove*, 1567, pet. in-8°.

1567. — *Septembre*... Le P. Emond Auger qui se trouvait à Tournon, étant secrètement averti que les religionnaires cherchent à surprendre Lyon, part aussitôt, et se rend chez M. de Birague. Il lui fait part de ses craintes qui sont confirmées par un boucher catholique, qui s'était sauvé de Mâcon où les Calvinistes venaient d'entrer, et qui, arrivant à franc étrier, le di- manche soir, jour de S.-Michel, 29 *septembre*, donna comme nouvelle cer- taine l'intention des Protestants de s'emparer de Lyon, lorsque minuit son- nerait à l'horloge de St-Nizier ; signal convenu, disait-il, avec les réformés qui étaient dans la ville, où ils devaient forcer tous les postes de l'intérieur et faire main basse sur les catholiques, pendant que l'armée des calvinistes enfoncerait les portes de Lyon. M. de Birague convoque à l'instant les bour- geois les plus notables et les plus dévoués à leur patrie et à leur religion. A peine en a-t-il réuni quelques-uns, que le prieur des Dominicains, effrayé des mouvements que les réformés faisaient depuis la chute du jour dans les environs de la place Confort, vint lui en donner avis. Les bourgeois pren- nent aussitôt les armes, et vont occuper sans bruit les postes les plus impor- tants, et surtout ceux qui avoisinent les remparts. Sur ces entrefaites, le

P. Auger, qui avait mandé les horlogers de la ville, intime à celui qui était chargé de régler l'horloge de St-Nizier, l'ordre d'en arrêter la sonnerie, et enjoint aux autres de faire sonner différentes heures d'une manière irrégulière à toutes les autres horloges des églises et des édifices publics, afin que les conjurés attentifs au signal convenu, ne pouvant, dans la confusion de toutes ces horloges, se trouver en masse au rendez-vous à l'heure indiquée, y vinssent ou trop tôt ou trop tard, suivant qu'ils seraient dirigés par le mouvement déréglé des sonneries. Le stratagème d'Auger réussit à merveille, et les Protestants voyant leur complot découvert, se retirèrent en désordre, ou tombèrent dans le piége qu'ils avaient tendu aux Catholiques. Ceux du dehors ayant vainement attendu que minuit sonnât à St-Nizier, et se doutant bien que leur projet avait été déjoué, partirent avant la pointe du jour, et, pour se dédommager d'avoir échoué dans leur entreprise, ils se dirigèrent sur Vienne et sur Valence, où ils mirent tout à feu et à sang. A peine les Lyonnais eurent-ils échappé au danger dont ils avaient été menacés pendant toute la nuit, qu'ils se portèrent aux deux temples des calvinistes, et les rasèrent de fond en comble (1). A. P., *Notice sur Emond Auger.* Voyez aussi le *Résumé de l'Hist. de Lyon*, par A. Jal ; *les Archives du Rhône*, IV, 161 ; *l'Almanach de Lyon* pour 1746, p. xliii ; J. Morin, V, 218. — Parmi ceux qui avaient trempé dans le complot du 29 *septembre*, Rubys cite (*Priviléges*, p. 38) Jacques Baronnat, l'avocat de Baiz, Perrault le cadet, de Saint-Chaumond, tous partisans de l'amiral Coligny, lesquels tenaient, avec les autres rebelles, leur consistoire au logis de la *Giroflée.*

1567. — *Octobre* 10. Publication d'une ordonnance rendue par M. de Birague, gouverneur en l'absence de M. de Nemours (imprimée, Lyon, *Michel Jove*, 1567, pet in-8° de 4 pages), rendue la veille, et conçue en ces termes : « Deffenses sont faictes à tous de quelque qualité et condition qu'ils soyent, qui ont esté par cy devant de la religion prétendue reformée, tant ceulx qui se sont reduicts et reconciliez que aultres non reduictz, d'eulx enroler et mettre des compagnies qui ont esté adressées pour le service de sa Majesté, tuition et deffence de ceste ville, à peine de la hart : Et sur les mêmes peines enioinct ausditz de la religion prétendue reformée, reduictz et non reduictz, qui se sont mis esdictes compagnies, et ont esté enroolez, de poser les armes, se mettre hors des dictes compagnies, et eulz casser dedans ce iourdhuy : Et enioinct aux cappitaines de les casser et désarmer incontinent, sans que lesdictz réduictz et reconciliez, et qui pourront cy après estre reduictz et reconciliez puissent porter armes quelconques par la dicte ville, ny en tenir en leur chambre, maisons et habitations, ni ailleurs, directement ou indirectement, par personnes interposées, soubz quelque couleur ou prétexte que ce soit. C, néantmoins est reservé ceulx qui se seront trouvez séditieulx ou auoir fait de resserrer profession de foi par faintise et simulation. — Pareillement sont faictes deffenses à tous penons, quaterniers et aultres de ne permettre au-

____

(1) L'un de ces temples avait été construit, en juillet 1563, dans les fossés de la Lanterne, aux Terreaux : l'autre est probablement celui qui avait été bâti sur la place de la *Fleur de Lys*, et qui, après sa destruction, fut remplacé par une boucherie que les recteurs de l'Hôtel-Dieu firent construire en 1568, et non en 1562, comme l'a dit M. Dagier, dans l'*Histoire* de cet hôpital. — Plus tard, et peut-être sous Henri IV, les Protestants firent bâtir un temple dans la rue Paradis, et le conservèrent jusqu'à la révocation de l'édit de Nantes, époque à laquelle on en disposa pour y former un établissement de charité destiné au soulagement des pauvres honteux et des indigents de la paroisse de St-Nizier. *Journal de Lyon* de 1787, p. 250 et 310 ; Cochard, *Description de Lyon*, p. 95 ; J. Morin, V, 197 et 219. Voyez ci-dessus, 18 *juillet* 1563 ; et ci-après, année 1570 et 1600.

cune marchandise, biens, meubles et aultres estre transportez et mys de
de maison en aultre, encore que ce fut en maison de catholique, sans nostre
commandement et ordonnance, sinon par les personnes qui ont esté et seront
commis et députez par nous, les officiers de la Justice, ou le consulat de
ladicte ville, ausquelz penons, quaterniers et aultres est enioinct de prester
la force, aide et faueur nécessaire ausdicts deputez.—Que ceux de la dite religion prétendue reformée qui ne sont de qualité et respect, et n'ont biens,
estats, negociation et traffique notable, soient (sic) seruiteurs ou maistres,
artisans et aultres, seront tenus vuider la ville dedans ce iour, et sortir par
la porte neufue sainct Vincent. Et ne pourront s'assembler que deulx ou trois
pour le plus. Et à eulx faict deffences de s'assembler en plus grand nombre
par quelque commandement que ce soit, à peine de confiscation de corps et
de biens, sans qu'ilz se puissent aider ou seruir des permissions qu'ils pourroient cy deuant auoir sur ce obtenues. Leur deffendant expressement n'en recourir plus à nous, ni aux officiers de la iustice. — Aussi sont faites deffenses sur mesmes peines à toutes personnes de quelque estat, qualité ou
condition qu'ils soient, catholiques ou aultres, de ne recevoir, tenir, cacher
ou latiter aucuns de ladite religion prétendue reformée : Ains leur est
enioint de reueler incontinent à nous et à iustice les lieux et endroicts esquelz
ils se retirent et latitent pour être promptement prins et apprehendés
et mys ès lieux pour ce destinés et ordonnés. — Pareillement est faict
commandement à tous les manans et habitans de la ville de Lyon de ne faillir
à se trouuer les iours qu'ilz seront de garde, là part qu'ilz seront comman-
dez par leursdicts penon, quaternier et dizenier, et n'habandonner
leur corps de garde, soit de iour ou de nuict, sans congé de leurdit penon ou
quaternier, sur peine de soixante solz d'amande pour la première fois : laquelle sera employée par lesdits penons ou quaterniers aux frais des corps de
garde. — Arrêté au conseil le dixiesme iour d'octobre l'an mil cinq cens soixante sept. Signé : R. DE BIRAGUE.

1567.—*Octobre* 17. Le Consulat remontre à M. de Birague que, parmi les
marchandises des Protestants, on a saisi des livres dans les magasins des libraires de cette religion, et demande qu'il soit commis des personnes « pour
« distraire et séparer les bons livres des autres. » — Le triage fut fait, à ce
qu'il paraît, par le P. Emond Auger, et les livres hétérodoxes furent brûlés
sur le pont de la Saône, durant les trois nuits consécutives qui précédèrent la
fête de Noël. Rubys, p. 413; J. Morin, v, 225; A. P., *Notice sur Emond
Auger* (1).

1567. — *Octobre* 30. Ordonnance de M. de Birague faisant « commande
à tous habitans de Lyon d'obeyr à leurs penons, quaterniers et dizeniers,
et aux gens de guerre de ne prendre rien chez leurs hostes sans payer de gré
à gré, et ne loger es maisons, sans permission de M. le gouverneur, sur peine
de punition corporelle et d'amende, etc. » — On voit dans cette ordonnance
que la milice lyonnaise avait alors deux places d'armes, l'une du côté de
Fourvière, sur la place St-Jean ; l'autre du côté du Rhône, sur la place des

---

(1) En 1558, le P. Auger avait publié, à Rome, une édition des Epigrammes de Martial, *ab
omni rerum obscenitate verborumque turpitudine vindicata, opera et industria Andræ Fusii...* On
remarque dans sa préface un souhait dont il dut se rappeler en 1667 : « Utinam sane ex tanta
« doctissimorum virorum multitudine, qui ubique terrarum sunt, surgat unus qui non Mar-
« tialem solum melius restituat..., sed Horatium etiam, Catullum, Tibullum, Propertium,
« Ovidium et reliquos ita corrigat, ut veteres illi omnes codices, qui turpitudinem admixtam
« habent, COMBURANTUR !... C. B., *Nouv. mél.*, p. 234.

Cordeliers. (Imprimée ; Lyon , *Michel Jove* , 1567 , pet. in-8° de 4 feuillets). Voyez ci-après au 31 *juillet* 1568.

1567. — *Novembre* 10. François d'Agoult, comte de Sault , qui avait été lieutenant pour le roi au gouvernement de Lyon de 1561 à 1564 , est tué à la bataille de Saint-Denis où il portait les armes pour les Protestants.—Etienne Valencier, Forésien, publia, l'année suivante , un *Discours sur la mort* du comte de Sault dont il avait été le secrétaire, *Paris*, in-8°. Voyez ci-dessus, au 5 *juillet* 1564 et au 21 *juin* 1565.

1567. — *Novembre*... Le duc de Nevers qui venait de chasser les Protestants de Vienne , fait son entrée à Lyon où l'on venait de recevoir la nouvelle de la victoire remportée à Saint-Denis. — Ce double succès fut célébré par une procession générale. J. Morin , v, 225.

1567. — *Décembre*, 11. M. de Birague rend une ordonnance conçue en ces termes : « De par le roy, etc. L'on fait assauoir que, suiuant les lettres patentes de sa maiesté du vingt-cinqieme (sic) d'octobre dernier, iteratiues inhibitions et defences sont faites à toutes personnes de quelque estat, qualité ou condition qu'ils soient, de n'achepter ou faire achepter directement ou indirectement, pendant les presens troubles, de ceux de la Religion pretendue reformée, aucuns biens meubles ny immeubles : Lesquels, suiuant la volonté et intention de sadicte majesté, nous auons saisy et mis entre les mains du roy et ordonné qui (sic) seront regis par commissaires pour iceux conseruer et en rendre bon conte et reliqua (sic), quant et à qui il appartiendra. — Sont aussi faictes tres expresses inhibitions et defences à tous receueurs, fermiers, locataires, et autres personnes estans debiteurs et redeuables d'aucuns deniers, censives, rentes, pensions, louages de maisons, baux d'heritages, redeuances enuers ceux de ladicte Religion pretendue reformée, de ne leur payer, bailler, ni deliurer aucuns deniers endebtés pour quelque cause ou occasion que ce soit, sans l'ordonnance de sadicte majesté ou la nostre.—Si est enioint ausdicts debitans, et à tout autre de ladicte ville et senechaucée de Lyon, de quelque qualité, nation, trafic ou negociation qu'ils soyent, et lesquels peuvent auoir en leur puissance, et ont retiré pour leur asseurance des biens meubles et marchandises desdicts de la Religion , venir denoncer et declarer, dedans trois jours, au palais ou au parquet des gens du roy, les meubles, marchandises, debtes, noms, actions et obligations deus auxdicts de la Religon pour en faire registre et en estre cy après ordonné ce que sadicte maiesté verra estre à faire par raison. etc. Fait au conseil le vnzieme (sic) iour du moys de decembre, l'an mil cinq cent soixante sept. R. de Birague. » — Cette ordonnance, criée, lue et publiée le lendemain, fut imprimée par Michel Jove, petit in-8° de 7 pages.

1567. — *Décembre* 21. Claude de Rubys prononce l'oraison doctorale dans l'église de St-Nizier. — Il n'en avait point été prononcé depuis celle d'André Martin, en 1562, sous la domination protestante. (Rubys, p. 414; J. Morin, v, 225). — L'usage de prononcer un discours devant le peuple , le jour de St. Thomas, à l'occasion de l'élection des nouveaux conseillers de ville , remonte sans doute à l'institution du Consulat, mais nous croyons qu'il serait assez difficile d'en préciser l'époque. Toutefois cet usage était constamment pratiqué dès avant 1421, puisque le Consulat désigna, le 21 décembre de cette année, Jean Leviste (un de ses membres), et à son défaut Jean Paterin (chevalier ez armes et ez lois, *de quo* v. *Arch. du Rh.*, vi, 550), pour faire *le syndicat aux gages accoustumés.* Ce serait un tableau assez curieux que celui où l'on offrirait par ordre chronologique les noms des orateurs de cette fête municipale, et où l'on donnerait une courte notice sur ceux de ces orateurs qui, s'étant distingués par leurs actions ou leurs écrits, ont été omis dans les biographies. Mais il y aurait probablement bien des lacunes dans cette liste ; car nous avons déjà vu qu'à diverses époques, le consulat ne pouvait pas trouver d'orateurs. En 1551, par exemple, il fut obligé de louer, au prix de vingt livres tournois, l'éloquence d'un docteur écossais, que nos actes consulaires nomment *Florent Volusan*. Ce docteur qui n'a d'article ni dans Moréri ni dans la *Biogr. univ.*, était déjà à Lyon en 1538, puisque l'on trouve une pièce de vers qui lui est adressée dans le recueil de poésies latines que Gilbert Ducher publia, cette année, chez Séb. Gryphe. Il reçut, en 1540, la visite de Conrad Gesner qui lui rend ce beau témoignage, fol. 245 de sa Bibliothèque, édition de 1545 : « Nos hominem « (*Florentium Volusenum* (sic) Lugduni vidimus, anno 1540, juvenili « adhuc aetate ; et magnam ab ejus eruditione perventuram ad studiosos « utilitatem expectamus. » En 1539, Volusan avait publié, chez Séb. Gryphe, une oraison latine, sous ce titre : *Commentatio quædam theologica : sive precatio tanquam in aphorismos dissecta*, in-8° ; réimprimée à Bâle, 1544, in-12 (B. du roi, D., 6435). En 1543, il publia une ode *de Tranquillitate animæ*, qui fut réimprimée à Bâle, en 1551, et à Edimbourg, en 1751, avec quelques poésies pieuses qui ont été insérées, ainsi que son ode, dans les *Delitiae poetarum Scotorum*. Il mourut à Lyon, comme le prouve cette épitaphe que lui fit son illustre compatriote, George Buchanan (Epigr., II, 12) :

> Hic Musis, Volusene, jaces, carissime, ripam
> Ad Rhodani, terra quam procul à patria !
> Hoc meruit virtus tua, tellus quæ foret altrix
> Virtutum, ut cineres conderet illa tuos (1).

Le dernier orateur de la St.-Thomas fut le savant helléniste, Etienne Clavier, qui, à peine âgé de 22 ans, prononça, le 21 décembre 1784, un très-beau discours où il avait pris pour sujet l'*Influence du commerce sur les gouvernements*. Jaloux des applaudissements prodigués à son camarade de collége, Pierre-Edouard Lémontey lui décocha cette épigramme, d'autant plus impertinente que le jeune Clavier était fils d'un épicier-droguiste :

> Si, du docte Rollin empruntant le langage,
> Tu nous fis perdre hier une heure à t'écouter,
> Tu devrais aujourd'hui, plus prudent et plus sage,
> Découdre les cahiers de ton savant ouvrage,
> Et les mettre en cornets pour le mieux débiter.

1567. — *Décembre 23.* M. de Birague rend une ordonnance portant, entre autres dispositions: «... Commandement à tous ceux de la religion prétendue réformée qu'ils ayent à vuider la ville dans les vingt-quatre heures... pour toutes prefixions et delaiz, sans laisser en leurs maisons, autres que leurs

---

(1) « *Volusenus* est un nom d'emprunt, une espèce de latinisation du nom de Wilson. Watkins, *Hist. dict.*, nous apprend que Florent Wilson naquit dans le comté de Murray en Ecosse, l'an 1500, qu'il reçut des leçons d'Erasme à Bâle, qu'il professa au collège de Navarre à Paris, et mourut l'an 1557. Le même biographe place ce dernier événement en Ecosse : l'épitaphe faite par Buchanan prouve que c'est une erreur. On lit dans l'épître dédicatoire au comte d'Aran, mise par Barth. Aneau à la tête de sa traduction des Emblèmes d'Alciat (Lyon, G. *Roville*, 1549), un pompeux éloge de Florent Volusen, sous le rapport de son érudition dans les langues anciennes et modernes. » C. B.

femmes ou une chambriere pour la garde d'icelles....» *Revue du Lyonn.*, ii, 5o7. — «Et parce que les protestans estoient cause de ceste guerre (la guerre civile), il fut advisé de chercher moyens qu'elle se fît à leurs despens. Et à ces fins, on constitua prisonniers plusieurs des principaux d'entre eux au couvent des Célestins et ailleurs, sous bonne et seure garde, desquels aucuns se firent catholiques, les autres se rachepterent par bonne somme d'argent, puis vuiderent la ville. L'on dressa aussi un magasin en la ville, que l'on nomma le magasin du roy, où furent portées les marchandises que l'on trouva dans leurs boutiques et magasins, lesquelles on leur permettoit racheter pour la moitié ou quelquefois plus ou moins de ce qu'elles valoient, sinon on les vendoit au plus offrant et dernier enchérisseur, et s'en tira de bons deniers...» Rubys, p. 4i3.

1567 ou 1568. — Persécuté par l'inquisition à raison de ses opinións religieuses, Castelvetro était venu se réfugier à Lyon. Le feu ayant pris à la maison où il était logé, il se mit à crier *la Poetica, la Poetica, salvatemi la Poetica.* On ignore si ce célèbre critique resta longtemps à Lyon avant de retourner à Chiavenne où il s'était d'abord réfugié; mais il est constant qu'il y demeurait le 20 janvier 1567, car on trouve cette date écrite de sa main sur un manuscrit original de la *Poetica d'Aristotile,* en ces termes : *In Lione sopra il Rodano il di* xx *di Gennaio l'anno di Cristo* 1567 (probablement 1568, n. s.). Niceron, vii, 229 et 252; C. B., *Nouv. mél.,* 249.

1568. — *Janvier* 27. M. de Birague rend une ordonnance ainsi conçue : « Sur les remonstrances faictes par le seigneur archevêque de la ville de Lyon tendans à ce que nostre ordonnance, par laquelle est enioinct à tous ceux de la Religion pretendue reformée vuyder ladicte ville, soit exécutée contre ceux qui se disent estre reduicts à l'Esglise catholique par feintise et simulation. Et apres que sur lesdictes remonstrances, les conseillers et escheviñs de ladicte ville ont esté ouys, lesquels se sont ioints avec ledict archevesque, requerans pour les causes contenues auxdictes remonstrances, l'effect et enterinement d'icelles.—Nous René de Birague, etc., par l'auis du conseil auquel tout a esté communiqué, auons dict et declaré que par la susdicte Ordonnance et commandement faict ausdicts de la religion nouuelle vuyder ladicte ville, ne sont exempts ceux qui depuis ladicte ordonnance auparauant bien tost apres les presens troubles, se sont reconcilliez à l'esglise catholique par feinte et simulation, et pour auoir occasion tant seulement demeurer en ladicte ville et frequenter les manans et habitans d'icelle, au moyen de quoy, d'autant que leur presence est pleine de suspition, et pour la seurté de ladicte ville et pour obvyer aux entreprinses et conspirations que l'on pourroit faire, contre le repos et estat d'icelle, et pour bonnes et iustes causes et considerations : Iteratif commandement est faict ausdicts de la religion, de vuyder hors de ladicte ville, dans trois iours, de l'effect et execution de laquelle ordonnance ne seront exempts sinon ceux qui sont paisibles, non suspects d'aucuns troubles et sedition, et lesquels se sont reconcilliez à l'Esglise catholique, apostolique, romaine, faisans acte et exercice d'icelle, et mesmement ceux qui, suyuant leur promesse volontairement faicte lors de ladicte reconcilliation, ont receu les saincts sacrements de penitence et de l'autel, ou qui les receuront dimanche prochain, iour de jubilé, suyuant la bulle de nostre sainct Pere, publiée en ladicte ville le vingt-cinquiesme du présent mois de janvier. Et sinon aussi ceux qui ont pouuoir de demeurer en ladicte ville par notre permission et ordonnance. Et est enioinct aux curez, vicaires et autres personnes ecclesiastiques qui ministreront lesdits sacremens d'en tenir registre, duquel ils remettront, le mardy ensuyvant, un extrait signé de leur main au greffe de la seneschaucée et siege presidial de Lyon, pour estre soigneusement et sans acception de personnes procédé à l'execution de nostre ordonnance, laquelle, à fin que aucun n'en puisse pretendre cause d'ignorance, sera publiée à son de trompe, cry public parmi ladicte ville, et lieux et endroicts accoustumés à faire proclamations. Faict le vingt septiesme janvier mil cinq cent soixante huict. Signé R. de Birague.» — Cette ordonnance publiée le même jour, fut imprimée par *Michel Jove,* pet. in-8° de 4 feuillets.

1568. — *Janvier* 31. Ordonnance de messieurs les Seneschal et gens tenans le siege presidial en la ville Lyon, contre les detenteurs des biens de ceux de la religion prétendue reformée : ensemble les noms et surnoms des seditieux et rebelles contre la majesté du Roy nostre Sire. A Lyon, par Michel Jove, 1568, avec priuilege. Petit in-8° de huit feuillets dont le dernier est blanc. — « De par le Roy : Sur la requeste faicte de par les gens du roy en la seneschaussée et siege presidial de Lyon, iteratif commandement est faict à toutes personnes de quelque estat, nation, traficq et qualité qu'ilz soyent, privées ou publiques, notaires, tabellions, greffiers, procureurs et autres : Que suyvant les lettres closes et patentes de sa maiesté du treizieme de ce moys de janvier, qui ont or, argent monnoyé ou non monnoyé, bagues, joiaux et autres meubles, cedulles ou obligations, et qui possèdent à recepte, louage ou ferme, aucuns benefices, rentes, maisons, terres, fermes ou seigneuries appartenans à ceux de la pretendue nouvelle religion, seditieux et rebelles qui se sont eslevez en forme d'hostilité, à l'encontre de sa maiesté et de ses bons et fideles subiects : ont porté les armes auec les factieux, seditieux et rebelles, et ne se sont retirez en leurs maisons, dans le temps préfix, et de ce prins actes, suyvant les lettres patentes sur ce expediees et publiees en ladicte ville. Et ceux qui encores portent lesdictes armes, soit au camp desdicts seditieux, ou és villes, chasteaux et autres lieux et endroicts de ce royaume, ou de ceux qui les aydent et fauorisent de leurs biens et moyens, ont fauorisé, sceu, participé et eu cognoissance de l'entreprise, conjuration, conspiration faicte contre sadicte maiesté et son estat, sans l'auoir reuelé à sadicte maiesté, ou à ses Officiers et Juges, comme bons et fideles subiects estoyent tenuz faire, et aussi tous ceux qui ont, possedent et tiennent desdicts biens, marchandises, meubles et immeubles, liures, papiers, tiltres, enseignemens, cedulles ou obligations : scauent et cognoissent les personnes qui ont et possedent desdicts biens, qu'ilz et chacun d'eux, ayent, deux jours apres la presente publication faicte, à venir dire, desclarer et reueler, pardeuant le Seneschal et gens tenans le siege presidial de Lyon, et en leur greffe, ce qu'ilz ont et detiennent ou sçauent estre detenu ou possedé. Et ce sur peine de perte et confiscation contre les vns et les autres de tous et chacuns leurs propres biens, lesquelz en cas de default ou contrauention, sadicte maiesté les a declarez acquis et confisquez. Et à fin que personne ne pretende cause d'ignorance, qui sont ceux des biens desquelz les declarations doiuent être faictes au greffe de ladicte seneschaucee, entre autres ensuyvent leurs noms, surnons des chargés et preuenuz des cas dessusdicts : assauoir,

George Penet, dict Jauot.

Vng nommé Archimbaud, espicier (1).

---

(1) C'est dans sa maison, prés de l'église de la Platière que les protestants avaient tenu leur premier prèche, en 1561. *Biogr. lyon.*, p. 14.

Jean de Fontbonne.

Pierre d'Orléans.

Vng nommé Chausson, clerc et soliciteur.

Jacques Debaiz.

Henri Laneau.

Vng nommé Pusin, taincturier.

Le filz de George Aulbreth (1).

Rosarges, serviteur dudict Aulbreth.

Anthoine Pupier, surnommé la Croix-Blanche de Chazelles.

Michel le Coyuetier.

Jacques Lusset, forbisseur.

Jean Boursier, aussi forbisseur, demeurant souz la teste d'or, rue Tupin.

Vng marchand de fillet, demeurant en la rue pres Sainct Pierre, qui a espousé la niepce de feu Alexandre Carcaillon.

Claude Jussieu, tissotier.

L'aduocat Trumel.

Jacquemet, ferratier.

Vng marchand de draps, demeurant pres la maison de George Aulbreth.

Matthieu Coton, vendeur de fer en la rue Chalamont.

Vn nommé Charbonneau.

Anthoine de Boys, canabassier.

Vng nommé Megret.

Vng autre nommé Guillaume, imprimeur.

Vng nommé maistre Bernard, menuysier demeurant en rue Neufue. — Et son fils nommé Valentin.

Le cappitaine Noytellon.

Charles Lenot.

Le neueu dudict Lenot.

Vng nommé La Vallédre. — Vng nommé Tesson, mercier, tous deux demeurans en rue Merciere, vendeurs de quincaillerie et de filleure d'or.

Anthoine Boullion, commis à la doâne du roy.

Les deux freres d'vng nommé Collin dict Marco.

Le frere du capitaine Beaufort.

Hector Baudin, procureur du roy à Saincte Colombe.

Jacques Dorliat, hostelier demeurant en la rue du Boys.

Vng nommé Chabert.

Vng nommé le cappitaine Broutet.

Le seigneur de Changy.

Vng nommé le capporal Moral.

Vng nommé La Roche.

Vng nommé Sabatier, seruiteur de François Ponthus.

Symon Julien, du lieu de Brignais.

Vng nommé Le Gardier, dict Cotin.

Les deux freres Biemy : assavoir, l'vn seigneur de Beins, et l'autre seigneur de Monteux.

Vng nommé le iuge Puto.

Vng nommé la Garde du boys (sic).

Le procureur Argo.

---

(1) George Aulbreth ou Obreth avait été conseiller de ville, en 1568. M. Morin l'appelle Obreit dans son *Hist. de Lyon*, VI, 12.

Françoys Riviere.
Jacqnes Barberet pelletier, demeurant en la rue du boys.
Jehan Goyet, du bourg de Saincte Colombe.
Anthoine Vincent, marchand libraire.
Jehan Darut, aussi marchand.
Pierre Pitinieu, surnommé la Jacquiere, cordier.
Jehan Douxsainct, mercier.
Maistre André de Baiz, aduocat en ladicte seneschaucée et presidial.
Jacques Baronnat (voyez ci-dessus, p. 5o).
Gabriel Veny, marchand de drap de soye.
Leonard Prunas, dict le Piedmante (voyez ci-dessus, p. 6).
Pierre Benoist Scué.
Henry de Gabiano. — Jehan de Vassan, marchans de ladicte ville.
Maistre Jehan de Castellas, esleu pour le roy au pays de Lyonnois.
Symphorien Tellusson. — Hierosme Desgoutes, aussi marchans : et
George Aulbreth, maistre d'hostel du roi.
Le capitaine La Villate.
Jehan Armant, de Belleuille.
Jehan Couchet.
Jehan Crusellier, bouchier, surnommé le Colombier, dudict Belleville.
Le baron de Sainct Lagier.
Vng nommé Chastency, rousseau, de Villefranche.
Vng nomme Odin de la monnoye.
Le capitaine La Chapelle.
Le seigneur Chasteaumorand.
Le baron de Torcy.
Vng qui est beaufrere du seigneur de Poncenas.
Le capitaine Jailly, de Tisy.
Sadurel, prevost des mareschaulx de Foretz.
Philibert Du Rieu, dict Fiston, de Charlieu.
Pierre Gueytiere, et René Gueytiere, filz du cheuaucheur de Sainct Sym-
phorien.
Vng nommé le Prouençal, de Tarare.
Vng nommé Bourdon, qui n'agueres faisoit la poudre à la Rigodiere en
cestedicte ville.
Claude Charreton, dudict Belleville.
Jehan Ruffy, dudict lieu.
Les père et filz Tronchet.
Maistre Jehan Perdrigeon, clerc de cestedicte ville.
Vng nommé Sainct Clair, archier du preuost des mareschaulx dudict Lyon.
Charles Bernod, qui souloit estre lieutenant dudict preuost.
Jehan Constantin, d'Ance.
Le capitaine Sainct Vincent.
Les trois freres Vallée, de cestedicte ville.
La Roche, scruiteur de feu Jacques Gimbre.
Vng nommé Guillien, capporal.
Vng autre nommé La Conche, lancespesade du capitaine Annibal.
Vng autre nommé Gourdan, maistre d'espée.
Vng autre nommé le Grand Matthieu de la rue Neufue.
Vng rousseau surnommé de Langres, qui n'agueres estoit de la compa-
gnie du capitaine La Tour, auec lesdicts Matthieu et Gourdan.
Vng autre nommé La Porte.

Les freres dudict Jehan de Vassan.
Le seigneur de Sainct Traict.
Vng nommé de Morgues.
Vng autre nommé Vrsin, ministre.
Vng autre nommé Bernard, clerc de maistre Lusson, notaire.
Le seigneur de Montplaisantin.
Le Gris de Mascon.
Le capitaine Misery.
Vng nommé Bollieu, boiteux.
Le capitaine de Tornus.
Les quatre freres Dagonneau.
Pierre Blein, laboureur, de Limonnoys.
Chalan Crespin, commissaire des viures.
Le capitaine Genette.
Trois hommes eux disans seruiteurs du thresorier Juge.
Anthoine Perrin.
Ledict thresorier Juge.
Barthelemy de Gabiano.
Michel Faure, drappier, demeurant près le Change.
Vng nommé Durier, beaufrere de Clement Gaultier.
Vng nommé Cellarier.
Maître Jehan de Sainct Chaulmont, dict Tranchecouille.
Jehan Petit.
Jehan Perraud, cordonnier, de Tarare.
Siruinges de Tisy, beaufrere dudict Guytieres.
L'vn des freres de Micard, habillé de bleu.
Maistre Jacques Commin, de Charlieu.
Matthieu Le Meure de Regny.
Jehan Mareschal.
L'hoste de l'escu de France de Rohanne.
Pierre Bouchier.
Anthoine Conte, harangier (marchand de harengs).
Le filz de la dame Jehanne Paix, demeurant pres cestedicte ville.
Le facteur de la boutique de feu Jean Gaultier.
François Vallanson.
Le capitaine Burlet, veloutier.
Jehan, surnommé Fontaney, et un autre nommé le Pas, son frere.
Ledict capitaine Annibal.
Annet Faure, tondeur de draps.
François Basin.
Lambert La Rousse, de Sainct Vincent.
Matthieu Seue.
Le seigneur de Loyse.
Le seigneur des Fossez.
Le capitaine La Sauge.
Les deux freres Nicolas, merciers dudict Lyon.
Vng cordonnier borgne, qui autrefois a esté seruiteur du baron deSainct Triuier, et à present seruiteur dudict des Fontenay.
Vng nommé Bullion, seigneur de Layet.
Anthoine Pize.
Le greffier Dauphin.
Maistre Jehan Rauel, barbier.

Les deux freres Seneton, eux disans seigneurs de la Reclaye, et quatre leurs serviteurs.
Vng nommé Ranquet.
Vng autre nommé Daigne.
Anthoine Legris.
Pierre Froment, autrement Fromenti, libraire.
Jehan Tricault, seigneur de la Place.
Vng tainsturier de soye, appelé sire Jehan, portant barbe noire.
Jehan Perier.
Nicolas Populus.
Jehan Armand.
Vng nommé Bellicat.
Hugues l'Enfant.
Le baron de la Grolle.
Maistre Pourchier, advocat.
André Broutet.
Pierre Gindre de Salomon, boucher, beaufrere de maistre Obret.
Jehan Coignet, soliciteur.
Le seigneur de Poncenas.
Le seigneur Dambierle, dict Rolliers.
Jehan Pelletier, tisserant.
Maistre Claude Marchand.
Le capporal Hautain.
Maistre Nicolas l'arquebousier.
Maistre Jehan le Masson.
Gabriel l'imprimeur.
Jehan Galliot.
Estienne Volant.
Hierosme de Brun.
Jehan d'Auvergne.
Pierre Chantebeuf.
Vng nommé Leonard.
Le capitaine La Grange et son frere.
Guillaume le courdonnier, qui souloit demeurer en la rue de la Lanterne.
Vng autre maistre Claude, aussi courdonnier.
Maistre Michel le forbisseur.
Vng nommé Estienne Tissotier, boutonnier.
Vng autre appelé Pierre, le prevost des mareschaux de ce pays de Lyonnoys, nommé Pierre Jehan.
Le cuisinier du capitaine Sainct Vincent.
Estienne Boniour, marroquinier.
Le greffier de Saincte-Foy, homme grand et gros, qui porte barbe noire.
Le fourrier dudict capitaine Annibal.
Les freres Deseraulx, de Prouence.
Le seigneur de la Bastie, soy disant thresorier.
Hugues le Guimpier.
Pierre Guimpier, beaufrere dudit Hugues.
Vng nommé Brunet.
Paule, cordonnier.
Maistre Benoist Josserand.
Le seigneur du Mont.
Vng nommé Jean Pierre

Le seruiteur de Loys Ponchon.

Françoys Desgoutés, seigneur de Chastellus.

Bernard Cheneuier.

Vng nommé Jourdain, dudict Lyon.

Vng nommé Ciencourt, orpheure, fourrier de la compagnie dudict Annibal.

Le capitaine Pierrefeu, lieutenant dudict seigneur de Loyse.

Pierre Faure.

Loys Dombain.

François Chollat.

Trois freres gantiers, demeurans en rue Merciere.

Jehan Souillot.

Jacques Commun, dudict Charlieu.

Vng nommé Carron.

Quatre seruiteurs dudict Symphorien Tellusson.

Et maistre Mouche, courdonnier en ceste dicteville.

Et sera la presente criée et proclamation imprimée et attachée aux portes du palais, place des Changes, aux deux descentes du pont de Saone et portes de ladicte ville et lieux des iurisdictions de ce ressort, et sans toutefois que par la presente criée et exeqution desdictes patentes soit faict aucun preiudice aux jugemens des proces desdictes accusez, et à leurs defenses et faicts iustificatifs. Faict au Conseil, ce trentiesme iour de ianuier, l'an mil cinq cent soixante huict. Signé :

De Torvéon.	De Villars.
De La Fay.	Limosin.
Dv Bvrin.	Bussillet.
Vandel.	Grollier.
De Longvell.	

L'ordonnance cydevant inseree et escritte : prins appellé avec moy Balmont Boyssiere, la trompette ordinaire de ceste ville de Lyon : a esté criée, leué et publiée és deux descentes du pont de la Saonne, à la part des Changes et de l'Herberie, au lieu de la Grenette, place de Confort, et autres carrefours et places publiques de ceste ville de Lyon, à haute voix, cry public et son de trompe. La copie de laquelle ordonnée (sic) estre mise et affigée (sic) és lieux et endroicts denommez par icelle, ont semblablement esté mis et affigez : afin que du contenu d'icelle nul n'en puisse pretendre cause d'ignorance, par moy Jehan Bruyeres, crieur public et iuré du roy nostre Sire en la ville de Lyon, les an et iour que dessus. I. BRUYERES. — Cette copie a été faite, en septembre 1830, sur un exemplaire que possédait M. Francisque Michel, aujourd'hui professeur à la faculté des lettres de Bordeaux.

1568. — *Mai 22.* Publication à la séneschaussée de Lyon de l'édit du roi, du 23 mars précédent, sur la pacification des troubles du royaume.

1568. — *Juillet 31.* Ordonnance de M. de Birague qui enjoint « à tous manans et habitans de la ville de Lyon qui sont inscriptz et denommez es roolles des penons, d'aller en garde es lieux et endroicts qui leur seront commandés et de n'en bouger jusqu'à ce que la garde soit leuée, sur peine de cent sols contre vn chacun defaillant, pour la premiere fois et du quadruple pour la seconde, et d'amende arbitraire et punition corporelle pour la troisiesme, etc. » — Imprimée à Lyon par *Benoist Rigaud*; petit in-8° de 4 f. — Voyez ci-dessus, 30 *octobre* 1567.

1568. — *Août* 4. Antoine du Verdier dédie à Guillaume de Gadagne, sénéchal de Lyon, un opuscule en vers, intitulé : *Antitheses de la paix et de la guerre, sur le bruit qui court :* avec le moyen d'entretenir la paix, etc. A Lyon, par Benoist Rigaud. M. D. LXVIII. In-4°. — Nous y remarquons ce passage : « .... Vous estes le Mœcenas des hommes studieux : ce qu'entre « plusieurs autres *Francisque Roussel*, docte et excellent musicien, a expé- « rimenté. Comme donc en recognoissance de vos singuliers benefices en- « vers soy, il a voué à vostre Seigneurie, partie de ses compositions mu- « sicales (qui égalent ou peu s'en faut, l'harmonie des neuf cieux, et « lesquelles seront fort bien reçues de la posterité), aussi je vous donne « (sans comparaison) ces miens vers, d'autant bon cœur que je suis « vostre, etc. »

1568. — *Août* 7. Une ordonnance de M. de Birague contient les dispositions suivantes : « De par le Roy : Il est ordonné que tous hosteliers, cabaretiers, et autres faisans estat de loger estrangers, seront tenuz les declairer et donner par escript aux penons et quaterniers de leurs quartiers, lesquels penons et quaterniers seront tenus en aduertir monseigneur le gouuerneur. Faisant commandement ausdits estrangiers laisser les armes qu'ils porteront, aux portes de la ville, entre les mains et puissance du commis ordinaire ausdictes portes. Lesquelles leur seront rendues par ordonnance dudict sieur gouuerneur.

« Que toutes personnes, Allemans et autres de quelque qualité et nation qu'ils soyent, tant Allemans que autres qui feront entrer armes à fust, tant harquebuttes que pistolles et pistollets pour les vendre, seront tenuz le venir declarer aux escheuins qui feront entendre audict gouuerneur sauoir sa volonté sur la vente et distribution d'icelles. Le tout sur peine et confiscation desdites armes et des marchandises qui se trouueront emballees auec icelles. Et pour cet effect seront veues et visitees au dohanne du Roy ou bien en leurs magazins, ainsi qu'il sera ordonné, et par maniere de prouision jusques à ce que autrement soit ordonné. — Que tous quaterniers et dizeniers, et autres habitans de la ville seront tenuz obeir à leursdicts penons , pour aller en garde , le iour, quand il sera ordonné, sur peine de cinq liures d'amende. Lesquels penons et quaterniers seront tenuz porter le nom et roolle des deffaillans, pour le regard de ceux du Rosne à monsieur de Combellande, et monsieur de Sainct Joayre pour faire pourueoir par monsieur Sala, cappitaine de la ville, à l'execution desdites amendes. — Qu'il ne sera loisible à personne aller, et se trouuer par les rues sans lumiere, après que la cloche de Sainct Nizier aura sonné la retraicte. — Que tous ceux de la religion pretendue reformée ne pourront tenir seruiteurs estrangiers, s'ilz ne sont catholiques, sur peine d'estre banniz et chassez de la ville, et amende arbitraire. — Que inhibitions et deffenses seront faictes à tous soldatz et autres, de quelque estat, qualité et condition qu'ilz soyent, lascher harquebouses, assauoir, de matin auant le iour, et le soir l'heure de sept sonnée.—Faict à Lyon, le septiesme iour du mois d'aoust, l'an mil cinq cens soixante huict. Signé : R. de Birague. — Et sont faites tres-expresses deffenses à tous soldatz et autres, de quelque qualité qu'ilz soyent, de ne se loger en aucunes maisons, sinon par la permission de mondit sieur le gouuerneur, ou de ceux qui seront par ledict sieur à ce commis et deputez. Signé : R. de Birague.—*La presente ordonnance a esté leuë, criée,* etc., les an et jour que dessus. Signé : C. Thevenon. — Imprimée à Lyon par Benoist Rigaud, 1568, in-8° de 4 feuillets.

1568. — Le Consulat achète la place des Cordeliers, et fait abattre les murailles qui la fermaient, ainsi qu'un grand portail qui était vis-à-vis la rue Grenette. Foderé, p. 385.

1568. «Bodin assure que, depuis 1515 jusqu'en 1568, il se trouva en France plus d'or et d'argent qu'on en aurait pu recueillir en deux cents ans. L'industrie des artistes, l'activité des commerçants, l'établissement des rentes constituées sur l'Hôtel-de-Ville, et celui *d'une banque ouverte à Lyon à 8 pour cent*, furent les principales causes de cette abondance (*Art de vérif. les dates*, 1, 640).» — Bodin nous apprend encore que «les *Baschats* « et marchands de Turquie avoient argent à intérêt à la banque de Lyon, « et qu'ils y étoient sous le nom de leurs facteurs pour plus de cent mille « écus.» *République*, l. vi, c. 2. Voyez ci-dessus, *année* 1543 et 15 *avril* 1564.

1569. — *Avril* 4. Procession générale à l'occasion de la victoire de Jarnac. J. Morin, v, 239.

1569. — *Avril* 24. Le Consulat arrête qu'il fera les démarches nécessaires pour obtenir du roi l'érection d'un parlement à Lyon. En même temps, on demandera que les immeubles des Protestants qui ont fui de Lyon, soient vendus. — Le Consulat, dans la même séance, déclare qu'il y a nécessité « de repeupler la ville qui est diminuée d'un tiers de ses habitants ; n'estant « besoin que ceulx qui l'ont abandonnée (les protestants) y rentrent jamais, « si ce n'est qu'ils se réduisent à la vraye obéissance et religion de leur « roy.» S. Voyez ci-dessus, au 17 *novembre* 1554, et au 31 *janvier* 1368 ; ci-après, *janvier* 1574.

1569. — *Juillet* 28. M. de Mandelot, gouverneur de Lyon, en l'absence du duc de Nemours, ayant mandé les échevins en son logis, pour pourvoir à la sûreté et conservation de la ville, et, ce faisant, obvier aux pratiques et entreprises qui se pourront faire, par ceux qui sont et ont été de la prétendue religion réformée, il a été délibéré ce qui s'en suit : « Il est ordonné que les conseillers eschevins feront entendre particulierement aux penons qu'ils aient à se saisir dez demain au matin de tous ceux de la pretendue religion reformée qui ne sont reduicts, et iceux emprisonner, savoir, en delà de la Saône, aux Carmes, Célestins et Cordeliers, et deçà la Saône, aux prisons de l'archeveché. — Seront faictes deffenses aux femmes desdits non reduicts de sortir de leurs maisons pour quelque occasion que ce soit, sur peine d'estre emprisonnées comme leurs maris. — Il est expressement enjoint à tous ceux de la prétendue religion qui se disent réducts de demeurer dans leurs maisons, leur en deffendant l'issue jusqu'à ce que autrement soit ordonné, et sur peine de la vie, sans toutefois que pour cela ils soyent exempts d'envoyer à la garde quand il leur sera enjoinct par leur penon, ou fournir argent pour cet effect. — Enfin on enjoint à ceux qui feront lesdites saisies et emprisonnements, de ne toucher aucunement aux meubles des maisons des susnommés.». S.

1569. — Antoine-Guillaume Sala est nommé capitaine de la ville de Lyon, en remplacement de François Sala, son oncle, démissionnaire. — Il en exerça les fonctions jusqu'à sa mort arrivée en *juin* 1580, et il eut pour successeur Imbert Grollier, sieur du Soleil. Rubys, *Priviléges*, p. 92. Voyez ci-après, *année* 1573.

1569. — En ce temps-là, on trouva à Lyon, dans des fondements, une pierre sur laquelle un plaisant avait écrit que telle année, un tel jour, la messe cesserait. Les Genevois faisaient grand cas de cette inscription, et fondaient là dessus de grandes espérances en faveur de la réforme de Calvin. Mais tout bien calculé, on vit qu'en effet le jour marqué était le *vendredi-saint*, jour auquel on ne dit pas la messe. Saint-Foix, *Essais sur Paris* (*OEuvres*, v , 406).

1569.—Gabriel de Saconay publie son *Discours des premiers troubles advenus à Lyon, avec l'Apologie pour la ville de Lyon,* contre le *libelle faussement intitulé:* LA IUSTE ET SAINCTE DEFENCE DE LA VILLE DE LYON... A Lyon, par Michel Iove, in-8°. — L'auteur nous apprend, dans son avis au lecteur, qu'il avait composé ce discours en 1563, l'année même où fut publiée *la Iuste et saincte defence*, un peu avant la réduction entière de Lyon, et que s'il ne l'avait pas alors livré au public, c'est parce qu'il avait voulu, à l'exemple du roi qui avait pardonné à ses sujets rebelles, que leurs fautes passées demeurassent assoupies ; mais que leurs nouvelles tentatives en 1567 et en 1568, l'ont porté à le faire imprimer. Cependant il hésita encore, puisque son livre, dont le privilége est daté du 7 février 1568, ne parut qu'en 1569. Toutefois il est à regretter qu'au lieu d'une diatribe virulente, noyée dans un déluge de citations de textes sacrés et profanes, Saconay ne nous ait pas laissé un récit exact et détaillé des faits et gestes des protestants, pendant qu'ils furent maîtres de Lyon. Il est fâcheux surtout, qu'il ne se soit pas étendu davantage sur les actes de vandalisme des soldats de des Adrets; il lui eût été facile de justifier ce qu'il avance à la page 28 de son livre : « Lyon, par manière de « dire *tout de marbre*, a été rendu par les troubles *tout de terre*. »

1570. — *Avril* 17. Edit du roi qui confirme les priviléges, exemptions, immunités, franchises et libertés des habitants de la ville de Lyon, Rubys, *Priviléges*, p. 13.

1570. — *Mai* 1. Michel-Antoine-Saluces de la Mante est nommé par le roi, capitaine et gouverneur de la citadelle de Lyon, en remplacement du feu sieur de Chambéry.

1570.—*Août* 19. Mort, à Sancerre, de Pierre de Mondoré ou Montdoré, Parisien, auteur d'un commentaire latin sur le X° livre des Eléments d'Euclide ; Paris, Vascosan, 1551, in-4° (Schweiger, III), et de trois pièces en vers latins, insérées dans les *Delitiæ poetar. Gallor.* (II , 711). La première de ces pièces fut composée à Lyon, où il paraît que l'auteur exerçait alors quelque emploi de judicature, mais nous ignorons en quelle année et sous quel titre. Cette pièce, adressée à un médecin d'Orléans, nommé Guétauld (*Ad Guetaldum, medicum cl.*), débute en effet par les vers suivants :

> Hic ubi lenis Arar Rhodani torrentibus undis
> Infuit atque cito jam fertur in æquora cursu ,
> Et caniis cinctas à læva conspicit Alpes
> Frigoribus sedet ille tuus fessusque sedendo est ;
> Dum lites hominum dirimit , non litigiosus ,
> Octobresque nimis queritur distare calendas,
> Quinetiam ad visos referens suspiria montes ,
> Sæpe gemit , etc.

Pierre de Montdoré, omis dans la *Biographie universelle*, a un article dans Moréri, où on le fait naître à Orléans, quoique Scévole de Sainte-Marthe dise positivement qu'il naquit à Paris, *Lutetia ortum* (*Elogiorum* lib. I.) Il était ami de l'Hospital, qui lui composa une épitaphe en latin. De Thou l'a mentionné deux fois, *Hist.* l. XLVII et LII, éd. de 1733 , II , 810 et III ,

140. Tissier, *Hommes savants*, le fait aussi parisien. — M. Patin, dans son *Discours sur la vie et les œuvres de J. A. de Thou*, après avoir dit que cet illustre et profond écrivain a « mêlé dans son livre, quelquefois d'une ma-
« nière un peu bizarre, les intérêts de l'érudition et ceux de la politique »,
ajoute en note : « C'est ainsi qu'en racontant les massacres d'Orléans, cette
sanglante imitation de la Saint-Barthélemy, au milieu de la douleur qui
pénètre son âme et qu'il répand dans son langage, il trouve encore des regrets pour la bibliothèque du savant *P. de Mondoré*, dispersée et détruite
dans ces jours de désordre. Ce trait est caractéristique dans sa naïveté ; il
suffirait seul pour faire comprendre jusqu'à quel point la passion de la
science préoccupait alors les esprits. De Thou trahit son siècle en se trahissant
lui-même, et l'historien devient aussi un des faits de son histoire. » *Mélanges de litt.*, p. 241. — Quelque juste que paraisse la remarque de M. Patin, ne pourrait-on pas lui objecter que, dans les temps les plus orageux,
et même au plus fort de la terreur, *la passion de la science*, et surtout celle
des livres, n'a jamais cessé de préoccuper beaucoup d'esprits. Notre histoire
littéraire en offre, à toutes les époques, des exemples sans nombre.

1570. — *Septembre...* Le maréchal de Vieilleville vient à Lyon ; il y fait
publier et exécuter l'édit de pacification donné à St-Germain-en-Laye, au
mois d'août précédent. — L'art. VIII de cet édit autorisait les protestants à
faire dans le gouvernement du Lyonnais l'exercice de leur culte « aux faux-
« bourgs de Charlieu et en ceux de St-Genis-Laval, » mais comme on ne
leur permit pas de s'y installer, ils établirent leur prêche à la Guillotière, au
territoire de Bechevelin, dans la maison de Pierre Jean, prévôt des maré-
chaux « qui tenoit le party des Protestants. » Rubys, p. 419 ; J. Morin, v,
241. — Pendant le séjour à Lyon du maréchal de Vieilleville, vingt-deux
individus furent mis à mort « pour violements et voleries nocturnes avec
« assassinats. » — Après cette exécution, le maréchal quitta Lyon pour se
rendre à Grenoble. *Mémoires de Vieilleville*, l. x, chap. iii et iv. —Le fait de
l'exécution des vingt-deux individus appartient peut-être à l'année 1563, du
moins nous le présumons. Il en est de même de ce qu'on lit au même endroit, sur M. de Soubise et sur le comte de Sault. Ce dernier n'existait plus
en 1570 ; il avait été tué à la bataille de St-Denis, le 10 novembre 1567.
Voyez ci-dessus, au 15 *juin* 1563 et au 5 *juillet* 1564. Voyez aussi Moréri,
art. Scepeaux.

1570. — *Novembre* 1. Philibert Bugnyon, « docteur es droitz et aduocat
en la seneschaucée(sic) et siege presidial de Lyon, » dédie « à monseigneur
« Larcher, conseiller du roi en la venerable Cour de Parlement à Paris, et
« intendant sur le faict de la Iustice de Lyon, » un opuscule en vers intitulé :
Les plaintes et regrets des trois estatz du royaume de France. A Lyon, par *Benoist
Rigaud*, m. d. lxxi, petit in-8° de 8 pages. — Cette pièce dans laquelle l'auteur déplore les calamités de la guerre, se termine ainsi :

Pour contenir le peuple en estat et office,
Il ne faut qu'une bonne et fort breue justice
Qui n'accepte personne, et face à un chacun
Droicture et équité en priué et commun.
Une telle justice en France est necessaire
Pour maintenir le bon et punir son contraire.
Au surplus si le roy a conseil d'abolir
Un tas de gros impostz, ensemble de tollir
Partie du subside et tribut que la France
Supporte, et n'y peut plus fournir de sa cheuance,

Incontinent après , par la paix cesseront
Tous malheurs , et onc plus ne se publieront
Les grands regrets , la plainte et l'extrème souffrance
Des trois nobles Estatz du royaume de France.

1570. — *Décembre* 2 (samedi). Débordement du Rhône et de la Saône, qui se réunissent à onze heures du soir sur la place des Jacobins. Rubys, *Privilèges*, p. 29. — « Le Rhosne , dit Mezeray (*Abr. chronol.*, III, 146 , édit. de 1690) noya le faux-bourg de la Guillotiere à Lyon , et ses eaux, par leur grande rapidité , ayant arraché un rocher de la montagne près du destroit de l'Escluse, se firent une digue à elles-mesmes qui leur boucha le passage, et les contraignit de rebrousser contremont, en sorte qu'on vit les roues des moulins qui estoient sur cette riviere tourner au rebours. » — On connaît deux relations de ce débordement, l'une en vers, par Léonard de la Ville , Charollais ; l'autre en prose , par Philibert Bugnyon, Mâconnais, (réimprimée dans le tome I des *Nouv. arch. du Rhône*). — On nous a reproché de n'avoir rien dit d'un débordement qui aurait eu lieu en 1196 , et qui est mentionné dans un article sur les inondations du Rhône , inséré dans le *Journal de Lyon et du Midi*, du 13 nivôse an X (3 janvier 1802). « En l'année 1196, dit l'auteur de cet article, une pluie presque continuelle pendant deux mois, « vint « interrompre les hostilités entre Richard-Cœur-de-Lion et Philippe-Au- « guste. On vit alors nos rivières causer les mêmes ravages (qu'en 580, et « non en 592), et jusqu'aux étangs débordés , semer l'effroi loin de leurs « rivages... » Si nous n'avons pas cru devoir rappeler cet événement , c'est parce que nous n'avons rien trouvé qui le justifiât d'une manière satisfaisante. Il y eut, à la vérité, une inondation de la Seine au mois de mars 1196 , mais nous ne croyons pas qu'aucun de nos anciens historiens lyonnais ait dit qu'il y ait eu à la même époque une inondation du Rhône ou de la Saône. Voici en quels termes Mezeray en a parlé dans son *Hist. de France*, I, 490 (édit. de 1643 , in-fol.) : « Les misères de ce temps , causées par les insolences des « soldats , sembloient faire pitié à la nature , si plustost elle ne se pré- « sageoit encore celles de l'aduenir. Les pluyes continuelles qu'elle versa « durant deux ou trois mois, l'an 1196 , grossirent les riuieres et deborde- « rent les etangs, qui menaçoient de faire un second deluge par leurs inon- « dations. Les prieres , les aumosnes et les processions publiques furent le « seul remède à ce mal; et quand, apres tout cela , on eut fait le signe de la « croix sur les eaux, elles se resserrerent toutes miraculensement dans leurs « lits ordinaires. On vit en peu de temps ce que signifioit ce prodige. « Les rois reprirent les armes... » Le même historien , dans son *Abrégé chronologique*, dit qu'il a voulu marquer ce débordement, « parce que ça « esté le plus grand de tous ceux dont l'histoire de France fasse mention... » Nous ajouterons que les chroniqueurs auxquels Mezeray a emprunté ce fait, ne mentionnent ni le *Rhône* ni la *Saône*, et ne parlent que de la *Seine*. Voyez le *Recueil des historiens des Gaules et de la France*, t. XVII, pag. 45 , 72 et 382. — Il est encore un débordement qui nous a échappé et que nous trouvons rappelé dans les fragments que P. M. Gonon a publié des *Faicts, gestes et victoires de Charles VII et de Loys XII*, sous le titre de *Séjours de Charles VIII et de Loys XII à Lyon sur le Rhosne* (Lyon , 1841 , in-8°). Ce débordement qui fut universel eut lieu au commencement de janvier 1497 , n. s. — Les principales inondations dont Lyon a été le théâtre, sont celles de 580, de 1408, de 1476, de 1501, de 1572, de 1602. de 1711. de 1756, de 1787 , de 1801, 1805, 1812, 1823, 1830, 1836 et 1840,

Voyez sur ces différentes inondations les *Tablettes* de M. Chambet, n°° 16 et 18; le premier *Mémoire* de M. J. Guerre *pour les habitants de la Guillotière*, Lyon, 1822, in-4°; l'*Indicateur de Lyon*, publié par MM. Perisse, Lyon, 1810, p. 65; la *Revue du Lyonnais*, v, 1 et 252; l'*Hist. de Lyon*, par MM. Clerjon et Morin, vi, 31 et 35; le *Rapport* de M. Terme, maire de Lyon, *sur l'inondation de* 1840, Lyon, 1841, in-8°, etc., etc.

1570. — *Décembre* 21. Claude Riche, docteur ès-droits, prononce l'oraison de la St. Thomas, dans l'église de St.-Nizier. Ses deux discours, l'un en latin, l'autre en français, ont été publiés à Lyon, chez *Jean Symonet*, 1571, in-8°, avec une dédicace à Claude Riche, son oncle, chevalier de l'église de Lyon.—L'orateur, s'adressant aux magistrats, s'écrie : «... Excitate, quæso, semisepulta litterarum studia, et à Lethei fluminis injuria vindicate. Efficite, quæso, ut ad quam exteræ nationes, negociationis causa, veluti ad emporium confluunt, ad eandem litterarum studiosi ex omnibus partibus majori multitudine accurrant. et ab ea scientiarum veluti fluentam, per universum orbem effusa discurrant... »—Claude Riche, dans ses deux harangues, donne de grands éloges à Mandelot, et surtout au président Michel Larchier, intendant de justice à Lyon, « vray arc et soutien de jus-« tice, homme entier et incorruptible. » — C'est ce Michel Larchier qui, l'année précédente, 1569, avait fait prendre aux avocats de Lyon la robe longue à manches vêtues, avec le bonnet carré et la cornette ou chapeau fourré. Auparavant les avocats de Lyon assistaient au palais en chapeaux et en robes à manches pendantes. C'est aussi lui qui fit endosser la robe et prendre le bonnet carré aux procureurs, qui ne portaient précédemment que le manteau et le chapeau ; etc. Rubyss, p. 416. *Biogr. lyon.*, p. 163.

1570. — Le registre des actes consulaires de la ville de Lyon pour l'année 1570, manque entièrement, et on n'en a conservé aucunes minutes ou expéditions. *Notes* de feu l'abbé Sudan.

1570. — Guillaume du Garet qui possédait alors le vaste emplacement qui avait appartenu aux Médicis, y fait ouvrir une rue, afin d'établir une communication de la place du Collège à celle des Terreaux. *Biogr. lyon.* p. 121. Voyez ci-dessus, *année* 1493. — La même année fut ouverte la rue qui s'appela d'abord la rue *Neuve*, ensuite la rue *Reynier*, et plus tard, en 1607, la rue *Belle-Cordière*. C. B., *Dict. des rues de Lyon*.

1570. — Antoine Camus, trésorier de l'épargne dans la généralité de Lyon, donne une somme considérable à l'hôpital pour contribuer à la construction d'une boucherie. Pernetti, 1, 421.

1570. — *Publication de la nature de tous contracts, pactions et conuenances et substances d'iceux : traité vtile et necessaire,* composé par Nicolas Theueneau, aduocat en la cour presidiale à Poitiers... A Lyon, par *Benoist Rigaud,* 1570, petit in-16 (*imprimé à Lyon, par François Durelle,* 1570). — La préface de l'auteur porte pour signature : *Au haut volle science;* c'est l'anagramme de son nom. Ne serait-ce point ce petit volume qui aurait engagé Benoît du Troncy à nous donner son *Formulaire fort recrealif de tous contracts,* publié pour la première fois en 1594, dans le même format, et avec une préface ayant aussi pour signature l'anagramme de son nom : *Bonté n'y croist?*

1571. — *Janvier* 27. Le baron des Adrets qui avait été arrêté l'année précédente et renfermé au château de Pierre-Scize, obtient sa liberté, et se rend à Grenoble. Chorier, *Hist. du Dauphiné*, p. 641 et 644.

1571. — *Février* 17. François de Mandelot est nommé gouverneur de Lyon, en remplacement de Jacques de Savoie, duc de Nemours, démissionnaire. Rubys, p. 420 ; J. Morin, v, 247.

1571. — *Mai* 28. M. de Mandelot rend contre les vagabonds une ordonnance de police, dans laquelle on remarque le passage suivant : « ... Et aussi d'autant que nous avons été advertis que, ez environs de ladite ville, courent plusieurs sorciers qui se mêlent *d'engraisser* les portes, et usent de certains moyens pour mettre la contagion, et que mesme aucuns d'iceux se sont ingérés entrer en ladite ville, et de nuict engraisser certaines portes, au très-grand scandale et ruine de ladite ville, il est enjoinct aux penons quaterniers et dixeniers, chacun à l'endroit soy, de faire mettre sur chacun *quanton* de rue, une lanterne dans laquelle il y aura une chandelle allumée pour toute la nuit : et à l'endroit du quartier qu'ils verront estre le plus propre, tiendront 3 ou 4 hommes qui feront le guet toute la nuit, pour, s'il est possible, prendre lesdits sorciers et graisseurs ; comme aussi se saisiront de ceulx qui se trouveront aller sans lumière, passé les neuf heures, et iceux mettront ez mains de la justice ; lesquels quatre hommes n'auront que l'épée et hallebarde pour le plus qui leur sera baillée par lesdits penons.» J. Morin, v, 247. Voyez un opuscule du médecin Pierre Tolet, intitulé : *Actio judicialis ad senatum lugdunensem in unguentarios pestilentes et nocturnos fures qui civitatem in prædam sibi proposuerunt, et edictum prætorium neglexerunt.* — Lyon, 1577, in-8°, sans nom d'impr. ni de libraire ; précédé d'une *Epistre* en français à *Monseigneur de Mandelot, de ses faits héroiques pour le service du roy, en ses gouvernements de Lyonnois, de Forest et Beaujolois, depuis le mois de janvier 1577 jusques à présent.* Du Verdier, dans son suppl. à la Biblioth. de Gesner s'est trompé en donnant à l'opuscule de Tolet la date de 1567. Voyez C. B., *Mél.*, p. 182.

1571. — *Mai...* Edict du roi sur la réformation de l'imprimerie. — On lit dans le préambule de cet édit que « la *cherté du papier* et la difficulté qu'il y a aux « compagnons imprimeurs, et à leur satisfaire de vivres, gages et salaires, « et les tenir en devoir, apportent telle incommodité, que partie des libraires « qui souloient faire leur imprimerie en nostre *ville de Lyon*, sont contraints « de faire imprimer hors nostre royaume la meilleure partie de leurs livres ; « puis, *sous une première feuille qu'ils font faire avec leur nom et marque*, les « vendent, et à meilleur marché que s'ils étoient imprimez en nostre royaume, « transportans par consequence le gain que nos subjects denoyent receuoir, à « estranger... » G. A. Crapelet, *Etudes typogr.*, 1, 121. — Cet édit t présenté à la sénéchaussée de Lyon, le 13 décembre suivant, pour être vérifié au nom du Consulat. Les compagnons imprimeurs y formèrent opposition, et firent assigner les maîtres imprimeurs et libraires de Lyon pardevant le parlement. S. Voyez ci-après, 18 *mai* 1595. — Nous avons déjà parlé des procès que les maîtres imprimeurs eurent en 1540 avec leurs compagnons qui s'étaient « bandez ensemble pour contraindre les maîtres imprimeurs de leur fournir « plus gros gages et nourriture plus opulente.... » Voici ce que nous apprennent, sur ce procès, les actes consulaires de la ville de Lyon. — Séance du 11 novembre 1540. « Comme l'on dit que les maîtres imprimeurs de cette ville se veulent retirer à Vienne, à cause de quelque procès qu'ils ont avec les compagnons imprimeurs, et que ce seroit grand dommage à cette ville de perdre une si belle chose, que ledit *art de l'imprimerie*, qui est en cette ville *le plus grand et le plus beau qui soit en la chretienté* où une grande partie du peuple gagne honnêtement sa vie, on arrête de mander les maîtres imprimeurs pour voir si l'on pourra les détourner de quitter Lyon. — Lesdits imprimeurs étant venus, on leur montre qu'ils ne doivent penser à aller à Vienne, et que le Consulat leur aidera à faire les remontrances necessaires pour avoir provision du roi sur l'arrêt donné dernièrement aux grands jours à Moulins : ce que le Consulat offre faire avec eux, s'ils veulent s'aider, de leur côté, à envoyer un personnage en cour pour en faire la poursuite. — Le 23 novembre suivant, Jean de Cambrai et plusieurs autres imprimeurs viennent au Consulat, et rapportent qu'ils ont avisé avec MM. les libraires qu'ils se pourront aider et fournir la moitié des frais qu'il conviendra faire pour faire réformer, contre les compagnons imprimeurs, un article de l'arrêt des grands jours, portant que les apprentis ne besogneront à composer et mettre les lettres, qu'ils n'aient demeuré trois ans apprentis; ce qui est chose si contraire à l'imprimerie, que lesdits maîtres ne sauroient y tenir et demeurer en cette ville. — Le surlendemain 25, le Consulat considérant que ce serait gros dommage à cette ville de perdre une grosse et belle manufacture de l'imprimerie qui a coûté beaucoup, il y a environ *huit vingts ans* (1), de l'y attraire et entretenir, le sieur de La Porte ayant dit qu'il a conféré avec les libraires et maîtres imprimeurs qui consentent à fournir la moitié des frais, si le Consulat veut fournir l'autre moitié, lequel le Consulat accorde, et on arrête d'y envoyer Me Pierre Gravier, fils du secrétaire de la ville, aux gages accoutumés de 55 sous par jour. Extraits de M. S., copie de C. B., VIII, III, 113. Voyez ci-dessus, *novembre* 1540, et *décembre* 1541, et ci-après 19 mars 1572.

1571.—*Juin* 12. *Séance consulaire*. Les sieurs eschevins considérant le peu de respect que le menu peuple porte au Consulat pour ne tenir pas lesdits sieurs eschevins la grandeur qui leur est due, et qu'ils doivent avoir, comme aussy pour raison de leurs habits, qui ne sont que de cappes ou manteaux, qui sont habits indécents à leur état, qualité et autorité : pour cette raison, voulant lesdits sieurs eschevins y pourvoir, ont unanimement d'un mesme advis et consentement ordonné que par cy après lesdits sieurs eschevins porteront robes noires à manches avec le collet renversé à quarre (sic), parement de velours noir, tout d'une même façon et parure ; lesquelles chacun d'eux seront tenus faire à leurs depens dans le jour et feste de saint Jean Baptiste prochain, lequel jour passé ne seront reçus, et ne pourront lesdits sieurs eschevins, entrer au Consulat en autre habit que de robe de la façon susdite, à peine de dix livres d'amende pour la premiere fois, et de confiscation de la cappe ou manteau dont ils se seront trouvés saisis, laquelle présente ordonnance sera déclarée aux conseillers eschevins qui seront successivement élus, à ce qu'ils soient curieux de l'observation d'icelle, et qu'ils soient munis de leurs robes lorsqu'ils seront mandés pour venir prendre l'exercice de leurs charges. Et néanmoins parce qu'il est requis et tres-necessaire de décorer et honorer le Consulat es assemblées, entrées et congregations publiques qui se font et pourront se faire cy après, a esté ordonné que, aux depens de ladite ville et communauté, sera faite à chacun desdits conseillers une robe longue d'escarlate rouge, avec le parement de velours, lesquels lesdits sieurs eschevins seront tenus porter avec le bonnet de velours esdites entrées, assemblées et congregations publiques, aultrement seront

______

(1) *Huict vingts ans*, c'est-à-dire, 160 ans. A ce compte, l'imprimerie aurait été *attraite* à Lyon, en 1380 ; c'est une grosse erreur. En 1540, l'établissement de l'art typographique dans notre ville ne comptait pas même *quatre vingts ans* ; puisque les premiers livres qui y furent imprimés ne sont pas antérieurs à l'année 1473.

déchus des honneurs et authorités qui léur appartiennent, à cause de la charge et du lieu qu'ils tiennent en l'eschevinage. S. Voyez ci-après, *année* 1572.

1571.—*Juin* 12. *Séance consulaire*. Il avait été convenu la veille, au conseil du gouverneur, où les échevins s'étaient trouvés, qu'il serait fait une procession générale qui passerait par les lieux accoutumés : «Et pour ce que aucuns « de la nouvelle religion pourroient estre refusans de tendre tapisseries au « devant de leurs maisons pour la reverence du S. Sacrement, » le Consulat arrête que les penons des lieux par lesquels passera la procession « tendront « ou feront tendre au devant desdites maisons de ceux de ladite prétendue re- « ligion qui seront refusans. » S.

1571. — *Juillet* 11. Mort, à Orthez, de Pierre Viret, célèbre théologien, et l'un des chefs de la réforme en Suisse et en France. La ville de Lyon, suivant d'Aubigné, fut prise en 1562, plus par sa langue que par les épées des Calvinistes (*Hist.*, liv. III ; ch. 7). Il resta à Lyon depuis cette époque. Il se joignit, dit-on, au grand-vicaire de l'archevêque de Lyon, pour combattre les nouvelles sectes qui tentaient de s'introduire dans cette ville, au moyen de la liberté de conscience. Il eut, avec les PP. Possevin et Auger, plusieurs conférences dont les deux partis ne manquèrent pas de s'attribuer l'avantage. —. On a prétendu que, sur une dénonciation du P. Auger, Viret fut banni de Lyon, comme un séditieux ; mais il est à croire, comme le disent les auteurs du *Moréri* de 1740, que si Viret fut obligé de quitter Lyon, c'est parce que, étant né en Suisse, il ne pouvait plus exercer son ministère dans cette ville ; Charles IX ayant, par un édit, défendu à ses sujets protestants d'avoir des ministres nés hors du royaume. Au reste, le P. Auger était un de ces hommes qui fit une guerre franche et loyale aux disciples de Luther, et qni parvint à se faire estimer de ceux qu'il combattait, à tel point que les protestants eux-mêmes disaient de lui « que s'il n'avait pas été catholique, « il n'aurait jamais existé un plus grand orateur. » Ranke, *Hist. de la Papauté*, t. 3, p. 78 de la trad. franç. ; Ch. Labitte, *Prédicateurs de la Ligue*, p. 21.

1571.—*Décembre* 21. Antoine-Emmanuel Chalon, de Cervière, en Forez, prononce en latin, dans l'église de St-Nizier, l'Oraison doctorale. — Cette Oraison qui a pour sujet *de l'Administration civile*, a été imprimée l'année suivante (Lyon, *Michel Jove*, in-4°), et l'auteur y a joint une traduction française, dans laquelle il cite du latin, du grec, de l'espagnol, de l'italien et même de l'hébreu. Il y donne de grandes louanges à Mandelot, à M. de la Mante et au président Hierosme de Chastillon. Il nous apprend que ce dernier magistrat était neveu de Benoît Buatier, vicaire-général de l'archevêque de Lyon. — Chalon était entré fort jeune chez les Jésuites, avec Papire Masson, son compatriote ; mais il les quitta, sans toutefois renoncer à embrasser l'état ecclésiastique. Pierre d'Espinac, archevêque de Lyon, en fit son official, et le mit à la tête du chapitre de St-Nizier. Il exerça ensuite les fonctions de grand-vicaire sous Albert et Claude de Bellièvre : il mourut en 1612, et fut inhumé dans l'église de St.-Nizier. D. Thomas, *Mém. sur la Ligue*, p. 30. Voyez aussi Severt, p. 315.

1571. — Un noble Florentin que Junctin appelle *Capponus de Capponis*, et qui était né le 24 février 1522, étant mal dans ses affaires (*omni spe destitutus*), se noya dans la Saône sans qu'on pût retrouver son corps. *Speculum astrologiæ*, 1, 443. M. — Ce Florentin était probablement de la même famille que Laurent *Capponi*, dont nous parlerons en 1573.

1571. — Mort, à Villefranche en Beaujolais , d'Alexandre Sarrazin , dominicain , habile prédicateur, fils de Richard Sarrazin , qui avait été conseiller de ville , et visiteur pour le roi au grenier à sel. Pernetti, 1 , 254.

1571. — François Panigarole , un des plus célèbres prédicateurs italiens de son temps , se rendant à Paris , pour s'y livrer à l'étude de la théologie , s'arrête à Lyon , et y prononce plusieurs sermons devant les marchands de sa nation établis en cette ville. Mais ses prédications irritèrent tellement les Calvinistes que peu s'en fallut qu'ils ne lui ôtassent la vie. Tiraboschi ; *Storia della Litterat.* , lib. III , cap. XIII. Voyez ci-après, *année* 1473. — Il y avait alors à Lyon un si grand nombre d'Italiens , qu'un célèbre publiciste , Innocent Gentillet , de Vienne en Dauphiné , auteur d'un *Discours… contre Nicolas Machiavel*, qu'il publia cette même année en latin , et dont la traduction françoise parut à Genève , en 1576 , disait dans cet ouvrage : « … Combien ne s'en faut-il que la ville de Lyon ne soit colonie italienne , car outre ce que bonne partie des habitans sont italiens , les autres du pays se conforment peu-à-peu à leurs mœurs , façon de faire , manière de vivre et langage. Et à grand peine trouverez-vous dans icelle ville un notable artisan qui ne s'adonne à parler le *Messeresque* : parce que ces messires ont cela qu'ils ne font bon visage , et n'oyent volontiers sinon ceux qui gazouillent avec leur ramage , taschans par ce moyen d'acquerir vogue et crédit à eux et à leur langage… » *Arch. du Rh.* , XIII , 106 ; *Biogr. univ.* , supplément , GENTILLET ; A. P. , art. *Variétés* , p. 78.

1572. — *Mars* 19. Barthélemy de Gabiano , syndic des marchands libraires de Lyon, Guillaume Roville , Philippe Tinghy (Florentin), tant pour lui que pour les héritiers de feu Jacques Sancte (sic) , Antoine Gryphius , Symphorien Bérauld , René Ponstelier , pour lui et pour Clément Baudin , Etienne Michel et Louis Cloquemin son compagnon , Claude Ravot , Jean Huguetan et Jean de Tornes (sic) , tous marchands *libraires* à Lyon ; — plus Jean Ausoult , Jean Marcorelle , Jean Dogerolles , François Durelle , Pierre Roussin , Nicolas Guérin , Jacques Roussin , Etienne Servin , Jean Carre et Jean Mairel , tous maîtres *imprimeurs* de la ville de Lyon , passent procuration pour comparaître en leurs noms au parlement de Paris , sur l'assignation à eux donnée par les compagnons imprimeurs de Lyon , portant qu'ils acceptent le dernier édit du roi (Voyez ci-desus *mai* 1571) , et consentent à son entérinement , etc. S. Voyez ci après , 5 *juillet*. 1580.

1572. — *Mars* …. Entrée solennelle du cardinal Alexandrin , neveu et légat de Pie V. Rubys , p. 420 ; *Alm. de Lyon* de 1746 , p. XLV ; J. Morin , V, 249.

1572. — *Mai* … Jean-Jacques de Mesmes , seigneur des Arches , vient à Lyon , en qualité de commissaire du roi et de superintendant de la justice , pour y veiller à l'exécution de l'édit de pacification. Rubys , p. 420 ; J. Morin, V , 250.

1572. — *Juin* 28. On transporte dans l'église de St-Jean le chef de St-Irénée qui avait été enfoui , en 1562 , dans la maison d'un barbier , lors du sac des églises par les Calvinistes. — La recherche de cette relique fut faite par Jean Guilhen , conseiller du roi au siége présidial de Lyon , et auditeur au gouvernement de M. de Mandelot. Rubys , *Priviléges* , p. 27 ; *Hist.* , p. 117 ; A. P. ; *Notice sur Emond Auger* , p. 16.

1572. — *Juillet* 18. Charles IX , par son édit du mois de février 1572 , en créant des juges de police dans toutes les villes du royaume , avait attribué aux pauvres les amendes qui seraient prononcées par ces juges : par sa déclaration du 18 juillet de la même année, il voulut que cette attribution fût spéciale dans la ville de Lyon. Dagier, 1, 161.

1572. — *Août* 7. Pierre Scarron, échevin, écrit de Lyon, à Guyot de Masso, son cousin, aussi échevin, un des députés de la ville de Lyon, à Paris : «... Je vous veux dire que Mgr le gouverneur et la plus saine partie du Consulat aimeront mieux la nomination pour establir le presche à Chaponoux (aujourd'hui *Chaponost*) qu'à Dardilly ; et pour mon particulier, je l'aimerois mieux à Dardilly. Mais pour tout le public, il seroit cent fois mieux audict Chaponoux, pour auoir à le poser aussy prez de la ville. Parquoy, je vous prie, s'il est possible, raccoustrez vostre nomination, et vous en serez contens et hônorez pour l'aduenir, j'aimerois mieux aller et reuenir de Dardilly que seulement aller aux premieres maisons de Chaponoux, etc. » S.

1572. — *Août* 31. Vêpres lyonnaises. — « Une assez grande obscurité, dit M. Morin (*Hist. de Lyon*, v, 253) couvre les détails de l'exécution qui fut faite à Lyon, et dont les principaux auteurs se sont appliqués par la suite à effacer les traces. Mais la main qui a arraché les feuillets du registre des actes consulaires (1), contenant la relation du massacre lyonnais, n'a pu en faire disparaître la mémoire. » Voici comment il est raconté par Jacques-Auguste de Thou (2) : « Ce fut à Lyon que se fit le plus grand carnage des Hugue-

(1) Le registre offre une lacune de 10 feuillets ; le f. 144 où elle s'arrête contient la fin du procès-verbal de l'exécution, laquelle est ainsi conçue «... et pourvoir selon icelles, leur com-
« mandant et ordonnant de leur part les forces qui seroient pour cet effect necessaires. Toutefois
« ayant, l'apprés-dinée, sa volonté esté divertie et changée, seroient demeurez les affaires en mesme
» état que devant ; attendant par mond. sieur le gouverneur plus ample declaration de la vo-
« lonté de S. M. qu'il esperoit de jour à l'autre, par l'arrivée du S. de l'Isle qu'il avoit pour
« cet effect dès long-temps envoyé en cour. » Et aprés avoir fait lire par lesdits eschevins sus-
« nommés, au Consulat et assemblée faite par eux, le procès-verbal ci-dessus déclaré et escrit es
« 134, 135, 136, 137, 138, 139, 140, 141, 142, 143 et 144 feuilles, le présent compris,
« comprenant les remontrances réiterément faite à M de Mandelot par Mess. les eschevins de
« ladite ville, nommés au 134 feuillet du présent régistre, auquel feuillet ledit procès-verbal
« auroit esté commencé *pour raison de ce qui est advenu aux personnes de ceux de la nouvelle*
« *religion, durant le présent mois d'août* 1572, *et autres jours suivants*, auquel procès-verbal
« sont aussi insérés les refus et reponses faites par mond. sieur le gouverneur sur les poursuites
« desd. sieurs eschevins, amplement déclarés au présent procès-verbal, la cédulle originale duquel
« procès-verbal est demeurée pardevers moi secrétaire dud. Consulat, soussigné, pour répondre
« et justifier de ma charge, en temps et lieu, ainsi que de raison ; et le présent régistre, en-
« semble l'expédition dud. procès-verbal sera les feuillets susdits délaissé et remis aux archives de
« la ville et communauté, par commandement exprès du Consulat. » — Tout ce qui précède
dans le narré du secrétaire Ravot, depuis les mots : « Et écrit es 134. 135, etc. feuillets »
est ajouté par apostille de la main du sieur Ravot, et cet acte est censé finir par ces mots qui,
dans le principe, suivaient ceux-ci : «... Le procès-verbal ci-dessus déclaré, et ont ordonné icelui
« estre enrégistré au présent régistre de lad. ville pour servir à leur décharge, en temps et
« lieu, ce que de raison. Ce jourd'hui, 1er septembre 1573. Au bas, signé Ravot. » — S'il
est permis de faire quelques conjectures sur cette suppression et sur les additions mises à la
fin de cet acte, on croit voir que c'est le secrétaire Ravot lui-même, qui a retranché tout le
procès-verbal en question du registre ; laissant subsister la pagination telle qu'elle devait être,
soit pour anéantir le souvenir de ce malheureux événement, soit par tout autre motif. On
peut dire que l'on n'a pas vu ailleurs une clôture et des additions si détaillées, une énonciation
aussi exacte des folios que contenait le registre ; d'où l'on croit pouvoir conjecturer que c'est
après avoir fait la suppression que l'on a cru devoir énoncer l'étendue du procès-verbal.
Notes de l'abbé Sudan. — L'acte qui précède la lacune, est du 26 août, et ne contient que
le commencement de cet acte ; celui qui suit la lacune est du 2 septembre.

(2) Ce passage de J.-A. de Thou a été traduit par M. Rabanis, ancien professeur de
rhétorique au collège royal de Lyon, aujourd'hui doyen de la faculté des lettres à Bordeaux ; l
a été inséré dans notre *Notice sur F. de Mandelot*, Lyon, Barret, 1828, in-8°.

nots. Dans cette cité populeuse dont les portes furent soudain fermées, on surprit un grand nombre de religionnaires que le gouverneur, François de Mandelot, fit enfermer dans les prisons, sous prétexte, disait-il, de les protéger contre les fureurs du peuple, en les confiant aux gens du roi ; mais pendant qu'on les conduisait, la troupe de fanatiques qui leur servait d'escorte, en massacra plusieurs dans les rues détournées et les quartiers isolés ; leurs cadavres étaient aussitôt jetés dans le Rhône ou dans la Saône. Le chef de ces assassins était un certain Boydon (1), misérable, couvert de crimes, qui, dans la suite, reçut le traitement qu'il méritait, à Clermont en Auvergne, où il fut pendu. Les trois premiers jours, la multitude dévasta et pilla les maisons des suspectes dont elle recherchait les traces. Le 29 août (2), le sieur du Peyrat de Lyon (3), qui venait de recevoir le cordon de Saint-Michel, décoration avilie et dédaignée depuis longtemps, à cause de l'abus qu'on en avait fait en l'accordant à toutes sortes d'individus, arriva de la part de la reine avec des instructions secrètes et des lettres de Claude de Rubys, ainsi que d'autres échevins qui se trouvaient alors à Paris pour les intérêts de la Commune. Ces lettres donnaient le détail de ce qui s'était passé à Paris, et annonçaient que l'intention et la volonté formelle du roi était que la ville de Lyon suivît l'exemple de la capitale. Mandelot qui avait des sentiments plus modérés, quoiqu'il passât pour être dévoué à la faction des Guises, recula d'abord à l'idée d'une pareille atrocité. Après avoir obtenu de la multitude furieuse une espèce de trêve de quelques jours, pour avoir, disait-il, le temps de réfléchir et de recevoir les ordres du roi qu'il attendait d'un moment à l'autre, il fit publier que tous les hérétiques eussent à se rendre au palais du gouverneur pour apprendre les intentions du roi. Ces malheureux, persuadés que le nom du roi serait pour eux une sauvegarde, sortent de leurs asiles, et accourent auprès de Mandelot, qui les dirige aussitôt sur différentes maisons d'arrêt ; car ils étaient en si grand nombre que la prison de Roanne n'aurait pu les contenir tous. Au même instant arrive Pierre d'Auxerre (4), homme d'une profonde perversité et d'une réputation infâme. Sans autre garantie que son dire, comme si la parole d'un homme de son rang était plus que suffisante, il assure à Mandelot que la volonté du roi et de la reine est que tous les hérétiques qui ont été ou qui pourront être pris soient exécutés sur le champ, et sans autre information. Mandelot, intimidé par les vociférations du peuple, à qui Pierre d'Auxerre avait communiqué la volonté du roi, n'ose plus résister, et se

(1) *Boidon* ou *Boydon* était capitaine de la milice lyonnaise. M. Sismondi, *Hist. des Franç.*, xix, 189, l'appelle *Bordon* ; c'est une faute d'impression.

(2) Il nous paraît y avoir ici une erreur de date. La nouvelle des massacres de Paris arriva à Lyon, le mercredi 27 août, et ce fut ce jour-là que le gouverneur fit fermer les portes de la ville et emprisonna les Protestants. Les lettres des députés Rubys et Masso arrivèrent le lendemain 28, et non 29. » Note de Morin.

(3) Maurice du Peyrat. Voyez son article dans la *Biographie lyonnaise....* Voyez aussi la *Revue du Lyonnais..* . « Les cruautés que du Peyrat fit commettre dans Lyon, attachèrent du « blâme à la réputation de Mandelot, homme au reste bon et modéré. S'il eut assez d'huma- « nité pour n'en être pas l'auteur, il n'eut pas assez de force pour en dissiper le conseil. » Chorier, *Hist. du Dauphiné*, 647. — Maurice du Peyrat, fils de Jean I, du Peyrat, vivait encore en 1604 ; il était né le 8 septembre 1555. Rubys en fait l'éloge dans son *Hist. de Lyon*, p. 376.—Maurice n'avait que dix-sept ans lors de la S. Barthélemi. Après cette funeste journée, on lui donna pour récompense la lieutenance du roi au gouvernement de Lyon. (Pernetti, 1, 258). — Son frère, Jean II, avait été tué devant Beaurepaire, le 30 septembre 1562, en combattant contre les troupes du baron des Adrets.

(4) Voyez son article dans la *Biogr. univ.*, et dans la *Biogr. lyon.*

tournant vers celui qui lui avait apporté l'ordre du massacre : « Monsieur, lui
« dit-il, je n'ai plus qu'à vous dire ce que Notre-Seigneur dit autrefois à
« Pierre : Faites comme vous voudrez ; ce que vous aurez lié sera lié, ce
« que vous aurez délié sera délié (1). » À peine ces mots sont-ils prononcés,
que la multitude se disperse pour courir au meurtre et au pillage. Boydon
s'adjoignit deux complices, Mornieu et Leclou (2), gens prêts à tout faire,
et familiarisés avec le crime. Le bourreau (3) qu'ils voulaient charger des
exécutions leur refusa son ministère, en disant qu'il était prêt à obéir s'il
en recevait l'ordre légal de l'autorité compétente, mais que rien ne l'obligeait
à se prêter à ces massacres arbitraires, ni à intervenir dans cette boucherie.
Alors on fit connaître ce refus aux officiers de la garnison qui, non moins
indignés, répondirent avec horreur qu'ils ne feraient jamais l'office de bourreaux (4), et qu'une infamie de cette nature souillerait trop la loyauté de
leur profession ; qu'après tout ils n'avaient jamais eu à se plaindre des malheureux protestants (5). On fut donc obligé de recourir à tout ce qu'il y avait
de plus vil dans la lie des citoyens et dans le rebut de la population. Mais il ne
se rencontra pas un seul homme, pour si infâme qu'il fût, qui acceptât la sanglante mission. Enfin on s'adressa à la milice urbaine, composée de 3oo habitants (6) qui, au refus des bourreaux et des soldats, acceptèrent avec transport l'ordre de massacrer leurs concitoyens. Les trois chefs dont nous avons
parlé, choisissant dans cette milice même ceux qui annonçaient le plus de
détermination et de cruauté (c'était le dimanche 31 août), coururent d'a-
bord au couvent des Cordeliers où l'on avait enfermé une partie des protestants, et de là aux Célestins (7), massacrant tous les hérétiques que l'on
y gardait. Et tandis que, sur le bruit d'une nouvelle émeute (8), Mandelot,

(1) N'est-ce pas le cas de dire avec un ancien à Mandelot :

> Qui non vetat peccare, cum possit, jubet.
>
> Sénèca, *Troades*, v. 291.

(2) Mornieu, suivant Mézerai, était soupçonné d'avoir tué son père. — Leclou était capitaine des arquebusiers de la ville.

(3) Claude Saltier. Ce bourreau était français !... Les auteurs de la *Biographie lyonnaise*
ne pourront se dispenser de lui faire une mention honorable. *Act. cons.* du 1ᵉʳ juillet 1591. C. B.

(4) Loys Guyon nous a conservé les noms de deux de ces officiers ; « Ce furent, dit-il, le
« capitaine de Jayac, Perigourdin, et le capitaine Luc, qui dirent qu'eux ni leurs compagnies
« n'assisteraient à exécuter un acte si infâme... » *Diverses Leçons*, livre III, chap. 2.

(5) Il faut encore ajouter à ceux qui refusèrent de se prêter aux massacres de Lyon, Nicolas
de Langes, qui avait succédé à Pompone de Bellièvre, son parent, dans la charge de lieutenant-général de la sénéchaussée de Lyon. Voy. *Mém. de l'estat de France, sous Charles IX.*

(6) Après la S. Barthélemi, la milice urbaine fut envoyée en garnison à Aubenas, où elle
fut passée au fil de l'épée, lors de la prise de cette ville par les Huguenots, sortis de Villeneuve (d'Aubigné et Mézeray). Tous les assassins n'étaient pas Lyonnais ; il se trouvait dans
la milice urbaine de Lyon, plus connue sous le nom de compagnie des arquebusiers, beaucoup
d'Italiens, et principalement des Gênois, des Florentins, des Luquois, etc. Voyez Brizard,
Du massacre de la Saint-Barthelemi, et de l'influence des étrangers en France durant la Ligue
(Paris, 1790, in-8º,), et *l'Université catholique*, t. XII, p. 196 et suiv.

(7) Suivant Goelnitz (page 336 de son *Ulysses Belgico-Gallicus*, Amst., 1631), les religieux Célestins ne voulurent point consentir au massacre des protestants... qui étaient empri-
sonnés dans leur couvent. *In hanc evangelicorum truculentam necem noluisse etiam consentire
dicuntur canonici in æde Cælestinorum heic Lugduni ....*

(8) Le bruit courait en ce moment qu'on allait pendre à la Guillotière quatre ministres devant le temple où se faisait alors l'exercice de la religion réformée. Il n'y en avait cependant que
trois à cette époque, si l'on en croit l'auteur des *Mém. de l'estat de France*, tom. II, p. 482 :
Ces trois ministres étaient Jacques Langlois, Antoine Caille et Jean Ricaud.

accompagné de Saluce de la Mante, commandant des troupes de la citadelle, se portait au faubourg de la Guillotière, les assassins se dirigèrent vers le palais archiépiscopal, où l'on avait renfermé, d'après l'ordre du gouverneur, trois cents des plus notables protestants. On commence par s'emparer de leurs bourses, et, après les avoir dépouillés, on les égorge impitoyablement : en vain ils essayèrent d'implorer la miséricorde des sicaires, et de réclamer la parole du gouverneur. C'était un spectacle déchirant de voir les enfants serrant leurs pères dans leurs bras, les pères couvrant leurs fils de leurs corps, les frères, les amis, les parents s'exhorter mutuellement au martyre, et tomber, comme le bétail dans les abattoirs, sous les coups des bouchers, des crocheteurs et des mariniers, pendant que les gémissements, les cris et les vociférations retentissaient dans toute la ville. Le massacre terminé, Mandelot revint, à point nommé, de la Guillotière, et avec une apparente indignation, comme s'il n'avait rien su, ni rien commandé, il parut sur le théâtre même du carnage, assisté du procureur-général (1) ; là, comme s'il se fût agi d'une enquête en forme, après avoir fait dresser un procès-verbal (2) par un notaire, il fit publier à son de trompe, qu'on donnerait cent écus d'or à tous ceux qui désigneraient les auteurs des meurtres et les signaleraient à la justice : dissimulation maladroite et tout à fait ridicule. Aux approches de la nuit, les sicaires investirent la prison de Roanne, et, par un raffinement de cruauté, ils garrottent leurs victimes, et, leur mettant une corde au col, les traînent vers la rivière, où ils les lancent vivants encore. Les massacres et le pillage continuèrent pendant la nuit. Les meubles, les marchandises, tout fut enlevé ; ceux des hérétiques qui avaient réussi à se cacher, trahis et arrachés de leurs retraites, étaient jetés pêle-mêle dans le Rhône. Mandelot, importuné du spectacle horrible qu'offraient à ses yeux les cadavres gissant dans la cour de l'archevêché, les fit charger sur des bateaux, afin qu'on les transportât de l'autre côté du fleuve, dans le cimetière de l'abbaye d'Ainay ; mais les moines réclamèrent vivement ; ils prétendirent que ces restes étaient indignes d'être ensevelis en terre sainte, et le peuple, accourant au signal qu'on lui donna, précipita ces cadavres dans la Saône. Toutefois, avant de les jeter, on avait permis aux pharmaciens de mettre à part les plus gras, afin d'en retirer la graisse (3). Tels sont les détails rapportés par ceux qui ont décrit ces horreurs dans le temps même où elles furent commises. Encore les meurtriers ne s'en tinrent pas là. Peu de temps après, les frères Darut, chefs d'un commerce important, les sieurs de la Bessée (4) et Flocard, citoyens recommandables, furent arrachés des prisons, égorgés et précipités dans le Rhône. Telle fut aussi la fin de Claude Goudimel, un des meilleurs compositeurs du siècle, qui avait mis en musique la traduction française des Psaumes de David, par Clément Marot et Théodore de Bèze, traduction que les protestants chantent encore aujourd'hui (5). Néanmoins, au milieu des égorge-

---

(1) Et des officiers de la sénéchaussée, à l'exception de Nicolas de Langes, le même dont il a été fait mention dans la note 5, p. 73.

(2) La minute de ce procès-verbal a été arrachée du registre des actes consulaires de la ville de Lyon, et l'on ne trouve maintenant dans ces actes rien qui ait trait à la St-Barthélemi. Voyez ci-dessus, note 1, page 71.

(3) L'auteur du *Discours du massacre de ceux de la religion réformée*, Jean Ricaud, attribue principalement aux *Italiens* les horreurs commises sur ces cadavres.

(4) Valet de chambre du roi ; il avait été procureur-général de la ville et communauté de Lyon. Rubys, *Hist. de Lyon*, p. 470.

(5) Goudimel, dit M. Audin, « ne manquait pas de talent ; sa phrase mélodique est simple et

ments, grâces à la compassion des officiers du roi, et de M. de la Mante, commandant des troupes, quelques-uns parvinrent à s'échapper, entre autres les pasteurs Jean Ricaud (1) et Antoine Caille (2). Jean Langlois (3), leur collègue et président du consistoire, avait été mis à mort un des premiers. On porte à 800 personnes de tout âge et de tout sexe le nombre des victimes qui furent inhumainement sacrifiées (4). » *Hist. l. l. Notice sur François de Mandelot*, par A. P. ; Lyon, Barret, 1828, in-8°.

1572. — *Septembre* 1. Jean de Masso, receveur-général à Lyon, écrit à Guyot de Masso, son frère, un des échevins de cette ville, qui se trouvait alors à Paris : « Monsieur et frère, nous receusmes voz lettres du 26ᵉ du passé, discourant de ce que qu'estoit passé à Paris ; mais il y en avoit une infinité de lettres en ceste ville auparavant. Hier, jour du dimanche, entre trois et quatre heures après midy, quelques ungs du peuple entrèrent dans les prisons de MM. de Lyon, et là occirent de 7 à 8 vingts huguenotz, et fut

noble, mais sans élan. Après trois siècles, le choral *Ein'feste Burg* de Luther est encore jeune, tandis que le mode musical de Goudimel est usé comme les paroles qui l'ont inspiré. » *Hist. de Calvin*, II, 97. Voyez le *Biogr. des musiciens*, par M. Fétis, et la *Biogr. lyon.*, art. GOUDIMEL. — Trois libraires figurent parmi les victimes des Vêpres lyonnaises : Jean Honoré, Matthieu Penin et Jean Vassin. Voyez l'*Hist. de l'admirable estat des églises chrétiennes*, etc. Genève, 1619, fol. 796. — Nous mentionnerons aussi l'avocat Barnoud, qui fut massacré dans les prisons de l'Archevêché. *Biogr. lyonn.*

(1) Auteur du *Discours du massacre*, etc. déjà cité. Voy. dans les *Archives du Rhône*, tom. 18, pag. 249 et suiv., une lettre dans laquelle nous croyons avoir démontré que cet ouvrage qui a paru, sous le voile de l'anonyme, en 1574, est réellement de *Jean Ricaud*.

(2) Suivant l'auteur du *Discours de la vie, mort et derniers propos de feu Mgr. Mandelot*,... Lyon, 1588, in-8°, Mandelot, « parmi les armes du peuple, sauva la vie à une infinité de séditieux hérétiques. » Page 11. Nous ajouterons ici avec d'Aubigné, que les assassins laissèrent la vie à tous ceux qui voulurent promettre d'aller à la messe. Voyez aussi Rubys, *Priviléges des habitans de Lyon*, p. 17.

(3) Jean ou Jacques Langlois, Normand, était déjà ministre à Lyon en 1562. *Discours du massacre* (par Jean Ricaud), p. 24, *Mém. de l'estat de France*, I, 476, édit. de 1576.

(4) « Quelques mois après toutes ces tragédies jouées en France, le pape (Grégoire XIII) envoya un légat (le cardinal Orsini ou des Ursins) vers le roy, lequel fut reçu très-honorablement à Lyon et les rues tapissées. Arrivé qu'il fut, il alla descendre sur la calade de saint Jean, là où il entra, et ayant ouy les vespres, sortit par la mesme porte qu'il estoit entré, et estant sur ladite calade, fut rencontré par la pluspart des massacreurs qui l'attendoient là de pieds coy : lesquels le voyant se mirent tous à genoux pour avoir absolution. Mais parce que ledit légat... ne savoit l'occasion pour laquelle ceux-ci se mirent à genoux devant luy, un des notables de la ville luy dit que ces gens... estoient ceux qui avoient fait l'execution des massacres ; ce qu'ayant entendu, ledit légat incontinent leur bailla l'absolution, en faisant le signe de la croix de la main droite. Mais parce que cela se faisoit trop publiquement, Boydon ne se voulut trouver en cette place, mais alla trouver ledit légat en sa chambre, là où il lui bailla l'absolution, comme il avoit fait aux autres. » *Mém. de l'estat de France*, I, 490. Nous ferons observer que l'auteur de ces *Mémoires* était calviniste, et nous ajouterons qu'il a le plus souvent copié, sans en prévenir, le *Discours du massacre*, par J. Ricaud. Voy. aussi Jacq. Aug. de Thou, liv. LIV. — Poullin de Lumina : *Hist. chronol. de Lyon*, prétend que le boucher qui s'était signalé par le plus grand nombre d'Huguenots qu'il avait assommés, en fut récompensé par l'honneur qu'il reçut d'être admis à la table du légat. Quand on rapporte de pareils faits, il faut citer ses autorités. Poullin de Lumina est un de ces écrivains sans conscience, et sous la plume desquels tout s'exagère. Ne porte-t-il pas à 4000 le nombre des victimes de Lyon, tandis que le protestant d'Aubigné, d'accord avec de Thou, ne le porte qu'à 800 ? Voy. la *Dissertation* de Caveirac *sur la journée de la Saint-Barthélemi*, pag. XXXV et suiv., et l'*Origine de l'église de Lyon*, par M. l'abbé Jacques, pag. 90, où l'estimable auteur remarque avec raison que le clergé de Lyon demeura entièrement étranger aux fureurs de cette époque.

faict sans bruict ny esmeutte. Il n'y avoit entre lesdits prisonniers, de marque, que deux frères Vassan, Jacques Dorlin, à ce que l'on m'a dict, et un des Grabotz; les deux frères Daruth avoient esté tuez dès vendredy dernier. Toujours s'en est despesché quelcung qui n'est venu à nottice. Au surplus, j'ai bien voullu incontinant vous advertir comme il n'y a pas une heure que M° Pierre Gaulthier (1), lieutenant particulier de robbe courte, est allé à Dieu, mallade dans son lict : sy pouviez le faire obtenir en don à quelcung, et à en faire pourvoir quelcung amy nostre, j'estime que nous en aurions deux mil livres du moins : il y a trois cens livres de gaiges. Il me semble qu'il seroit bon pour Benoist Bruyas, combien que je ne lui en ay pas encores parlé, car présentement l'ayant sceu, je vous en ay voulu soubdain advertir; regardez s'il il y auroit moyen que puissions gaigner quelque chose sur cest advis : vous y aurez l'œil. Quant aux offices des huguenotz, vous sçavez qu'il n'y en a poinct par deçà. Je vouldrois bien trouver marchand pour l'office dont si sonvent vous ay escript, car il est tousjours en mesme vollonté de s'en deffaire et plus que jamais, y estant contrainct par les raisons que sçavez. Je crains que si tost ne pourrez avoir vostre congé de venir, veu l'occurance des affaires qu'à present se presentent : touttesfoiz nous en sentirons encores le gué. Je ne vous ay point adverty de la nativité de ma fille vostre niepce et filiole de vostre femme, nommée toutesfoiz Clémence, parce que mon frère de Valbenoiste vous l'escrivist, et que de ma part j'estois encores si récentement fâché du danger où j'avois veu ma femme que je ne pouvois rien faire. A present Dieu graces tout se porte bien. Madicte fille est à Chapponost puis vendredy dernier. Je vous recommande, s'il vous plaist, la reddition des comptes chez M. Deschelles, à ce que me rapportiez les doubles, ce dont de rechef je vous prie humblement. Nostre frère l'advocat se porte bien à présent, Dieu mercy, fors qu'il est encore foible : vous présentant sur ce mes humbles recommandations, etc. — De Lyon, le premier jour de septembre 1572.—Vostre humble frère et serviteur. Signé : Jehan de Masso, receveur général à Lyon.

Une lettre du 4 septembre du même au même, contient le passage suivant:

« L'office est aultre encores que je ne pensois; il y a 300 liv. de gages « comme je vous ai escript : puis un homme de place de l'un de ces ar« chers que sont 180 liv., bref l'estat exercé vault 300 écus par an; il a « séance en jugement là hault avec les conseillers du présidial. » *Arch. consul.*

1572. — *Septembre 2. Séance consulaire.* Presents : Noble Claude Platet, sieur et baron de Vaux; M. André Mornieu, élu, Claude Valleton, Thomas Faure, Pierre Scarron, Claude Coulaud, André de la Chapelle, et André Ballan, consuls, etc. — Lesdits seigneurs eschevins advertis que les portes de la citadelle estoient ouvertes aux principaux et premiers factieux de la nouvelle religion, lesquels se retiroient en Bresse, à quoy ils ne pouvoient autrement pourvoir, quelques remonstrances qu'ils en aient su faire à M. le gouverneur, a esté ordonné et commandé au secrétaire du Consulat en advertir bien amplement les sieurs de Masso et de Rubys estant en cour, et neanmoins que le procès verbal (commencé) au 134 feuillet de ce régistre, sera continué, selon le succès des affaires survenues depuis le 28° jour d'aoust

(1)... Quelques-uns, et entre autres le *lieutenant de robe courte*, moururent de l'horreur de voir un si grand tas de corps humains si estrangement chaplés... *Mémoires de l'estat de France sous Charles IX*, tom. I, pag. 485. — Pierre Gaulthier, dont il s'agit dans cette *lettre*, est sans doute le même que celui qui a été désigné dans les Mém. de l'estat de France, et dont le nom était resté inconnu.

dernier, à cause de la sublevation populaire, et en iceluy procès verbal sera fait mention et inséré l'eslargissement des prisons de ceux qui auroient esté retirez en ladite citadelle contre la volonté desdits sieurs eschevins, et après eslargis d'icelle, ensemble de la response qui a esté faicte par M. le gouverneur, qui a dit : *Que ceux qui estoient tenus les representer en estoient responsables, ce qu'ils feroient à peine de leurs têtes.* — Outre ce, ont dit lesd. sieurs eschevins, combien que mond. sieur Mandelot, gouverneur et lieutenant-général pour le roy, ait toujours eu communication des lettres qui ont esté escrites au Consulat par les sieurs de Masso et de Rubys, depuis le 25 du mois passé, et qu'aucunes d'icelles lettres soient plutost tombées entre ses mains qu'en celles desd. sieurs eschevins, toutefois led. sieur de Mandelot n'a laissé de faire grande instance envers lesd. sieurs eschevins pour avoir la copie desd. lettres ; sur quoy lesd. sieurs eschevins ont advisé ne devoir faire aucune reponse pour le présent aud. sieur gouverneur ; espérant que par la longueur du temps il pourra oublier et ne demander plus la copie desd. lettres, et toutesfois que le procès verbal commencé au 154 feuillet du present registre, concernant les poursuites et remonstrances faites et à faire par lesd. sieurs eschevins à mond. sieur de Mandelot, sera continué selon ce qui succedera de jour à autre, afin de justifier en temps et lieu à sa Majesté de leur devoir pour l'exécution de sa volonté sur ceux de la nouvelle religion, et la conservation de la ville en l'obéissance de S. M. — (« Il semble que la fin de cet acte a été ajoutée depuis par le sieur Ravot (secrétaire « du Consulat), à partir de ces mots : *et toutesfois*, etc ; une différence dans « l'écriture et quelque autre circonstance le font augurer »). *Note de l'abbé Sudan.*

1572. — *Septembre* 2. Mandelot écrit à Charles IX (1) : « Sire, j'escrivis avant-hier à V. M. la reception des lettres qu'il lui auroit pleu m'escrire les xxii et xxiiie du passé, et, comme suivant icelles et ce que le sieur du Peyrat m'auroit dict de sa part, je n'aurois failly pourueoir par divers moyens à la seureté de cette ville ; si bien, Sire, que les corps et les biens de ceux de la religion auroient esté saisys et mis soubs vostre main sans aucun tumulte ni scandalle : jusques lors depuis et hier l'après dinée, m'en estant allé par ville pour pourveoir touiours à contenir ce peuple, mesmement vers la Guillotiere où j'aurois sceu paroistre danger de quelque mouvement, seroit intervenu cependant que ce peuple ayant trouvé moyen d'entrer es prisons de l'archevesque, où il scavoit estre quelques deux cents de ceulx de la religion cogneus factieux ou avoir porté les armes, lesquels ils auroient touts mis à mort avant que j'en pusse rien scavoir, et m'y estant allé aussitost, n'y aurois plus trouvé aucun de ceulx qui se seroient meuz à ce faict, s'estant escartés tout souhdain ; et ce que j'aurois peu faire a esté faire rechercher et requerir par tous les moyens, mesmement par justice, qui auroient esté autheurs et excuteurs de ce faict et comme le tout est passé, affin que V. M. en puisse bien au vray estre esclaircye. Je continue au mieux qu'il m'est possible de contenir toutes choses, voyant ce peuple n'estre pas encore bien appaisé, et que c'est tout ce que l'on peut faire d'obvier à un sac, n'ayant néantmoins jusques ici esté faict aucun tumulte, meurtre ni saccaigement par la ville ni es maisons, et estime que le reste desdicts de la religion saisis

---

(1) Cette lettre qui se trouve dans un Ms. de la B. du roi, contenant la correspondance de Charles IX avec Mandelot, a été publiée pour la première fois dans le tome VII des *Arch. du Rhône*, livraison d'avril, 1820, p. 449-451.

pourront demeurer en seureté es lieux ou je les ay faict retirer, attendant que je puisse mieux entendre qu'il plaira à V. M. en estre faict, et specialement de tous leurs biens, meubles, marchandises, rapines et autres que j'ai jà escript avoir faict saisir et mettre soubs vostre main, sans touttefois en estre rien desplacé ny transporté des lieux et maisons desdicts de la religion : osant bien asseurer V. M. que le tout luy sera seurement et fidellement conservé; et suis après à pourveoir à les faire retirer en magasins et lieux seurs à ce qu'il n'y soit commis aucun abus. J'oseray dire à V. M. que si j'étois ouy à la conseiller, je ne serois d'opinion qu'elle feist aucun don des biens, meubles et marchandises desdicts de la religion que premièrement on ne voye ce qu'il y aura, et pour le moins elle sçaiche la valeur de ce qu'elle donneroit, et que plustost elle feist don et recompense à ceux qui lui plairoit sur les immeubles : et pour ne mettre en cela la consequence, je ne veulx estre le premier à en demander à V. M., m'asseurant que si elle a commencé par quelques autres, elle me fait tant d'honneur de ne m'oublier. Au reste, Sire, il me semble ne devoir taire à V. M. que en tout ce qui eschet ici pour son service, je trouve le sieur de la Mante prompt et affectionné d'ensuivre à son pouvoir ce que je lui en ay faict entendre, dont à la vérité il mérite estre recogneu et bien recompensé. »

1572. — *Septembre* 2. Un sieur Fallaize écrit de Lyon au sieur Prayer, secrétaire du sieur de Masso, à Paris : «.... L'on a pris tous les Huguenauts, et dimanche dernier, durant vespres, il y en eut deux cens soixante et trois qui fureut tuez tous ensemble dans la prison de Mons. de Lyon ; plusieurs aultres tuez, tant ez aultres prisons que par les rues : les aultres jettez à la riuiere : les aultres la teste couppée, et les ministres penduz. Sy bien que l'on faict conte qu'il en a esté tant tué que jeté à la riuiere prez de sept cens ; leurs maisons scellées, et quant à des aultres pourueu qu'ils se *retirent*, l'on les met dehors les prisons, en baillant bon respondant, et les portes de la ville bien guardées. Aultre chose ne sçaurois que vous mander des nouuelles de deça... » S.; *Documents...* tirés des archives de la ville de Lyon (par M. Godemard), p. 105.

1572 — *Septembre* 3. Le Consulat délivre à Dominique..., courrier, un mandat de 30 écus pour reste de 70 écus à lui promis par les députés de la ville, en cour, lesquels avaient expressément envoyé ce courrier pour leur donner avis de la mort de l'amiral, et de l'exécution faite à Paris par le commandement du roi. S.

1572. — *Septembre* 5. Mandelot écrit à Charles IX : « J'ay aussi reçu, Sire, la lettre (du 28 août) qu'il a pleu à V. M. m'escrire, par laquelle elle me mande d'avoir esté advertie qu'il y a un homme qui est parti de part de là avec la tête qu'il auroit prise dudit admiral (Coligny), après avoir esté tué, pour la porter à Rome, et de prendre garde, quand ledit homme arrivera en ceste ville, de le faire arrester, et luy oster ladite teste, à quoy j'ay incontinent donné un si bon ordre que s'il se presente, le commandement qu'il plaist à V. M. m'en faire, sera ensuivi. Et n'est passé iusques icy par ceste ville autre personne pour s'en aller du costé de Rome qu'un escuyer de monsieur de Guise, nommé Paul, lequel estoit parti quatre heures auparauant du iour mesme que ie reçus ladite lettre de V. M. » — Cette lettre qui était restée inédite dans les Mss. de la B. du Roi, a été publiée pour la première fois dans les *Archives du Rhône*, vii, 452 (livraison d'avril 1828). — « Le premier avis qu'on reçut à Rome de la mort de Coligny, fut envoyé par Mandelot qui fit sortir son courrier par dessus les murs de la ville, et le fit

marcher quelques lieues à pied avant de lui avoir fait donner des chevaux. »
Capilupi, *Relation des massacres de la S. Barthelemi*, traduite par Aiguan.
Biblioth. étrangère, 1, 208.

1572. — *Septembre 7*. Mort de Claude Ciberand, custode de Sainte-Croix,
chanoine et sacristain de Saint-Just, prévôt de l'Ile-Barbe, etc. *Biog. lyonn.*

1572. — *Septembre 10*. M. Grolier écrit de Lyon à M. de Masso de la Garde,
son cousin, à Paris : «... Il n'est ja besoing que je vous escrive les beaux
faicts que l'on a faicte icy d'auoir tué quatre ou cinq cens *quanailles* et auoir
sauué ceux qui en partie estoient cause des maux aduenus en France. Il est
vray que c'est soubs vng pretexte qu'ils iront à la messe, qui consiste en
partie d'aller à l'offrande. Vous estes de par de là pour le pouvoir remonstrer.
M. l'aduocat de Masso, vostre frère m'a confessé que j'auois proffetizé sur
ce dont je l'auois si souuent menassé : et desia en est aduenu quelque chose.
Je ne vous en diray aultre, etc. » *Archiv. cons.* S.

1572. — *Septembre 10*. M. de Masso, abbé de Valbenoiste, écrit de Lyon,
à son frère, M. de Masso de la Garde, à Paris : « Mon frère, M. de Cham-
penard sort presentement d'icy pour me prier vous escrire de vous informer ce qu'est deuenu son frere,.... dont il est en grand peine... J'ay receu
presentement des lettres de M. Serallier qui me mande que l'on tient bruit à
Paris qu'il soit mort en cette ville 1200 huguenotz : le commun bruit est
de 6 à 700. Chez mons. de Lyon, en fut tué dans une cour 260, et les
aultres aux Cordeliers... Des gens de marque estoient les deux Darut, les
deux Vassans, vng fils de la Grabotte, M. l'aduocat Barmond, et Godon,
les capitaines La Jacquiere et La Sauze, Claude Lené, orphevre, l'hoste
de N. D. de Bourneuf. Me Guillaume le menuisier, les fils de Pierre Seue
et leur mere vont à la messe. Anthoine Perrin, sa femme, Combe,
Mme Aubret, M. du Crozet, M. de Batz l'aduocat, leurs femmes, la femme
de Teize et plusieurs aultres vont à la messe : et se sont sauvez Pierre
Seue (1), Thelusson, la Besséc, Jean Henry, Jean Ricaut (un des ministres), le thresorier Juge, et plusieurs aultres dont il ne me souuient :
et pour ce qu'auant la reception des presentes vous en aurez sceu dauan-
tage, ne vous feray plus longue lettre... » *Archives cons.*

1572. — *Septembre 10*. Jacques Teste écrit de Lyon à M. de Masso, son
beau-frère, à Paris ; « Monsieur et frère, je vous ay escript par mes dernieres amplement de ce qui est passé. Pour ce jourd'huy il n'y a personne
huguenot en ceste ville. Pierre Seue, les freres Seue, Jean Combe, Las-
son vont à la messe, et une infinité d'aultres... qu'il ne me souuient de les
nommer. J'ay esté marry de ce que i'ay entendu de mons. Descousu. Je
n'en ay rien voulu dire à personne, sinon qu'à mons. l'Aduocat et Valbenoiste. » — Le 16 du même mois, Jacques Teste écrivait à son beau-
frère : «... Madame la generalle a fait un beau fils... Mons. de la Bessée,
George Renoard, Bernard Seve,.. , et d'autres doivent mourir aujourd'huy,
si desia ils ne sont despechez. Dieu ayt pitié d'eux... » *Archives cons..* S.
— George Renoard avait été échevin en 1560 et 61 ; il parvint à se sauver,
et mourut dans un âge très-avancé. J. Morin, v, 264.

1572. — *Septembre 21*. Nicolas de Langes, lieutenant-général au présidial,
écrit de Lyon au sieur de Masso, son cousin, à Paris : «... A present issy

----

(1) Maurice Sève qui fut si célèbre comme poète, et dont l'époque de la mort est ignorée,
n'aurait-il pas été une des victimes des vêpres lyonnaises ?

nous nous comportons auec un peu plus de douceur. Mais a esté temps pour quelques iours que sur les aduertissemens qu'on receuoit de Paris, on ne parloit que de rigueurs. Nous n'auons d'Huguenotz qui soient de marque qui ne soient reduits. Si c'est auec vérité ou feintise, je n'en sçay rien : mais j'ay opinion qu'une bonne partie y soit allé de bonne foy. Nous auons fait auiourd'huy le *Jubilé* où les Huguenotz sont accourus auec autant de demonstration de bonne volonté, contrition et repentance de leurs erreurs, comme autrefois on les voyoit accourir en leurs presches, etc. Vostre cousin, seruiteur et amy. Signé : de LANGES. » S.

1572. — Les terriers et les maîtres des métiers rendent une ordonnance portant que dorénavant les échevins, pour être *discernés* du reste du peuple, porteront des robes violettes dans les assemblées publiques. — Cette ordonnance fut insérée dans le syndicat de cette année, et publiée le jour de la fête de St. Thomas ; mais Rubys nous apprend qu'elle n'avait pas encore été mise à exécution quand il publia ses *Priviléges des habitants de Lyon*, dont la dédicace est datée du 10 août 1573. Voyez ce livre, p. 85, et ci-dessus au 12 *juin* 1571.

1572. — Antoine du Verdier, qui était alors homme d'armes de la compagnie du sénéchal de Lyon, publie un opuscule ayant pour titre : *Les Omonimes, Satire des mœurs corrompues* ; à Lyon, par *Antoine Gryphius*, 1572, in-4°. — L'avis au lecteur est daté *du Camp*, ce dixième février 1569. Voici quelques vers de cette satire assez curieuse, ne fut-ce que par la recherche des rimes.

> En quelque coing de France et aultre part où ailles,
> Trouveras sans pasteur errantes les ouailles.
> Le prélat en sa charge assez mal entendu,
> Sait tres bien recueillir tout le fruict en temps deu.
>
> . . . .
> Rare est un bon cnré qui lumiere paroisse
> Et miroir de vertu à ceux de sa paroisse.
>
> . . . .
> Rare est un bon prieur lequel face à ce jour
> Dans le pourpris d'un cloistre ordinaire séjour.
>
> . . . .
> Chaque jeune advocat qui en plain barreau cause,
> N'est employé souvent à plaider grave cause :
> Car d'université tels de nouveau venus,
> Au lieu d'estudier ont caressé Vénus,
> Y ont appris l'escrime, à bien pousser la balle,
> Pincer les nerfs du luth, comme on sautelle et balle,
> Comme il faut le matin raffreschir le palais,
> Se promener après deux heures au palais.
>
> . . . .

Du Verdier termine ainsi cette facétie :

> Si j'ay mal commencé traiter ceste lecon,
> Ma seconde Satire aura plus haut le son.

Nous ne croyons pas que cette seconde satire ait été publiée ; car du Verdier ne l'a pas mentionnée dans la liste qu'il a laissée de ses ouvrages. Voy. sa *Biblioth. franc.*, 1, 142.

1572. Louys Cloquemin, libraire, publie une nouvelle édition de *l'Hepta meron* ... de Marguerite de Valois, reyne de Navarre... Lyon, in-16. — Edition citée par Ebert, et dont M. Brunet mentionne une réimpression donnée par le même libraire en 1578, même format. *Suppl.* 11, 372. — Marguerite de Valois perdit à Lyon son premier mari, Charles d'Alençon, mort le 11 avril 1525. Elle séjourna sans doute à cette époque dans cette ville, et nous l'y trouvons avec François Ier, en juillet 1536. Maurice Scève fut un de ses protégés. Elle a consigné dans son *Heptameron* une anecdote qu'elle avait sans doute recueillie pendant qu'elle était à Lyon ; la voici : « En l'église de St-Jean de Lyon, il y avoit une chapelle fort obscure, et devant un sepulchre fait de pierres à grands personnages eslevez comme le vif, et sont à l'entour du sepulchre plusieurs hommes d'armes couchez. Un soldat se promenant un jour dans l'esglise en temps d'esté qu'il fait grand chaud, luy prit envie de dormir, et, regardant ceste chapelle obscure et fraische, pensa d'aller au sepulchre dormir comme les autres, auprès desquels il se coucha. Or, advint qu'une bonne vieille fort devote arriva au plus fort de son sommeil. Et, après qu'elle eut dit ses devotions, tenant une chandelle en sa main, la voulut attacher au sepulchre, et là, trouvant le plus pres d'icelle, cet homme endormy, la luy voulut mettre au front, pensant qu'il fut de pierre ; mais la cire ne put tenir contre cette pierre. La bonne dame qui pensoit que ce fut à cause de la froideur de l'image, luy va mettre le feu contre le front pour y faire tenir sa bougie, mais l'image qui n'estoit insensible, commença à s'écrier, dont la femme eut peur ; et comme tout hors de sens, se prit à crier : Miracle ! miracle ! tant que tous ceux qui estoient dans l'église coururent, les uns à sonner les cloches, les autres à venir voir le miracle. Et la bonne femme les mena voir l'image qui s'estoit remuée, qui donna occasion à plusieurs de rire, mais quelques prestres ne s'en pouvoient contenter, car ils avoient bien deliberé de faire valoir ce sepulchre et en tirer argent. » — La reine de Navarre parle dans la 72e et dernière Nouvelle, d'une neuvaine qu'elle faisait à l'église de St-Jean, avant la mort de son premier mari. — C. de Rubys, *Hist. de Lyon*, p. 390, fait mention d'une « establerie, size en « rue Longue, qui appartenoit à ce marchand de Lyon, auquel la reine de « Navarre a fait cet honneur de l'avoir meslé parmy ses contes facetieux, et « raconté comme pour coucher avec la chambrière, il fit coucher son ap-« prentif avec sa femme. » Nous avions pensé (voyez ci-dessus au 50 *avril* 1560), que ce marchand était Pierre Terrasson ; mais la reine de Navarre n'a donné ce nom à aucun des personnages de son *Heptameron*. Le seul conte qui ait quelque rapport avec celui dont parle Rubys, est celui qu'on lit dans la première journée (8e Nouvelle). Le mari qui joue le principal dans ce conte, est nommé Bornet, et la scène se passe en la conté d'*Allez*, probablement *Alais* ou *Alez*, en Languedoc ; car nous ne pensons pas avec le bibliophile Jacob qu'on doive lire *Aleth*, en Gascogne. Il suffit d'ouvrir le P. Anselme ou Moréri pour être certain qu'il y avait un comté d'*Alais* (voyez ci-dessus, *années* 1524 et 1547). —Cette même année, la veuve de *G. Cotier* publia nne nouvelle édition du *Thresor des livres d'A-madis de Gaule... De nouveau augmenté et orné du recueil du 15e liure et d'vne infinité de propos et deuis bien gentils, tirez dudit liure.* In-16 de 568 pages, suivies d'une table de 12 f. non chiffrés (B. de Lyon, F. Imb., n° 688).

1573. — *Février* 9. M. de Chastillon, président en la sénéchaussée et siége présidial de Lyon et parlement de Dombes, G. Grolier de Cazault, conseiller au présidial, F. Grolier, secrétaire, César Gros, Antoine Scarron et Lambert Bonet, bourgeois de Lyon, en vertu d'un édit du roi vérifié au parlement de Paris, le 21 février 1572 (qui ordonnoit que certains bons et notables personnages fussent élus es communautés et assemblées des villes, eussent la charge de vaquer à faire observer et entretenir les ordonnances concernans ce qui appartient au fait politique), furent choisis pour dresser un réglement provisionnel pour la police de la ville de Lyon et de ses faubourgs. Ce réglement, rédigé par Philibert Bugnyon, jurisconsulte mâconnais, et avocat ès cour de Lyon, fut publié le *dernier février* 1573. M.

1573. — *Mars* 9. Guillaume Paradin, doyen de Beaujeu, dédie ses *Mémoires de l'histoire de Lyon* à François de Mandelot, « gouverneur et lieute- « nant-général pour le roy es païs de Lyonnois et Beaujoloys, etc. » — Cette dédicace est datée de Beaujeu. — Le 26 mai suivant, Paradin se présenta devant le Consulat, et lui fit hommage d'un exemplaire de son ouvrage, probablement un des quatre exemplaires qu'il avait fait relier « en veau « rouge et dorez. » — « Les consuls, voulant en partie reconnoistre le labeur dudit sieur Doyen, et le recompenser de ses merites, à cause de la *rareté* de ladite histoire, ayant mis le faict en deliberation, ont ordonné de lui faire present jusques à la somme de cent escus sol. » — Le 19 octobre suivant, « mon frere maistre Etienne, dit Guillaume Paradin (1), apporta finalement, et après plusieurs voyages, la vaisselle d'argent que m'avoit donnée la ville de Lyon pour la peine que j'avois prinse à faire l'histoire de la noble et antique cité de Lyon, laquelle avoit esté imprimée audit Lyon, par *Antoine Gryphius*, l'an 1573, achevée le 15 de mars. Cette vaisselle estoit vng beau bassin d'argent ouvré dedans d'ouvrage de grotesques à l'antique, et vng vase d'argent fort beau en forme d'esguyere, élaboré aussi comme le bassin,... à la pance duquel estoit un escusson des armes de la ville, et alentour estoit escript et gravé en or : HOC RESPUBLICA LVGDVNENSIS DONAVIT. Autant il y en avoit au bouillon du bassin (2). »

1573. — *Mai* 2. Le roi assemble à Lyon un conseil de guerre pour aller dans le Dauphiné coutre Montbrun. Chorier, p. 638. M.

1573. — *Juin* 23. Le jeune duc de Genévois, Charles-Emmanuel de Savoie, fils de Jacques de Nemours, vient à Lyon, où il est reçu avec toute la faveur dont y jouissait sa maison. J. Morin, v. 266.

1573. — *Août* 10. Claude de Rubys dédie à M. de Mandelot son commentaire sur les *Priviléges des habitans de Lyon*, imprimé l'année suivante, à Lyon, par *Antoine Gryphius*, in-fol. — Rubys était alors avocat et procureur-général de la ville et communauté de Lyon.

1573. — *Septembre* 14. Mort, à Beaujeu, de Claude Paradin, auteur des *Quadrins historiques de la Bible*, etc. — Guillaume Paradin, son frère, rapporte, dans son *Journal*, que Claude Paradin fut ensépulturé dans la tombe de feu Me Lancelot Anchemand, leur oncle maternel. Le même historien, dans sa *Chronique de Savoye*, liv. III, chap. 94, parle avec éloge d'un maître Pierre Anchemand, secrétaire de l'archiduc Philippe.

---

(1) *Journal de Guillaume Paradin*, doyen de Beaujeu, pendant les années 1572 et 1573, publié pour la première fois par M. d'Aigueperse, Lyon, Léon Boitel, in-8°.

(2) « Lorsque le P. Menestrier publia son *Histoire consulaire*, il reçut du Consulat une gratification de 1300 livres, qui lui furent payées le 20 novembre 1698 ; l'avocat Brossette en reçut une de 2400 livres, le 24 mars 1705, pour son *Eloge historique de la ville de Lyon*. Le P. de Colonia fut gratifié d'une pension viagère, pour ses *Antiquités* et son *Histoire littéraire*. Il nous serait facile de citer plusieurs autres traits de générosité du Consulat, qui était toujours disposé à encourager les gens de lettres, et surtout ceux qui travaillaient à l'histoire de notre cité. Que les temps sont changés ! » Note de M. d'Aigueperse.

1573. — *Décembre 21*. Antoine Marnas, chanoine de St-Just, prononce la harangue consulaire. — Son discours fut publié sous ce titre : *Sommaire recueil des moyens pour restablir en splendeur la respublique de Lyon* (Lyon, *Benoît Rigaud*, 1573). *B ogr. Lyonn.*

1573. — « La ville de Lyon fut affligée de deux grands fléaux de Dieu : Je ne sçay, dit Claude de Rubys (*Hist. de Lyon*, p. 422), si ce ne fut point *pour le sang espandu l'année precedente...* L'un des fléaux fut que toutes les vignes de la province gelerent de telle façon au mois d'avril, qu'elles ne porterent point de fruict cette année là : et ne fit-on point de vendanges, et fallut jouer du bassin, car le vin se vendit jusqu'à dix escus l'asnée, qui ne vaut par communes années qu'un escu ou quatre francs. L'autre fleau... fut la grande cherté du bled, qui valut six et sept francs la mesure, que nous appelons le bichet, qui est de soixante livres, et le pis estoit qu'on n'en pouvoit pas recouvrer pour de l'argent (1). Il y eut grande pitié au petit menu peuple, tant en la ville qu'aux champs... Pendant cette grande famine furent exercées de grandes et charitables aumosnes à Lyon... Il y eut... un gentilhomme florentin, nommé le sieur Laurens Cappon, seigneur d'Amberieu, lequel par l'espace d'environ trois mois, nourrit de trois à quatre mille pauvres, auxquels il faisoit distribuer tous les jours, en la place qui est devant l'église des Carmes, pain, chair et potage de riz, et puis Dieu l'appela à soy au bout de ceste belle charité (2)... et à tous ces gens de bien servirent d'aiguillon et de mirouer Monsieur et Madame de Mandelot, lesquels outre ce que pendant le rigoureux froid qu'il avoit fait l'hiver precedent... ils avoient recueilly, revestu, nourry et chauffé à leurs depens, un bon nombre de petits enfans, qui alloient transissant de froid par les rues, et firent aussi de grandes et charitables aumosnes pendant cette famine... » — Guillaume Paradin parle aussi de cette calamité dans son *Journal* «... La plupart des poures gens, dit-il, mouroient de faim partout. C'estoit grande pitié de les voir manger des herbes comme bestes, et n'est de merveille si l'on disoit : *Ira Dei super nos* (3), devise espouvantable qu'on disoit avoir été treuvée à Thurin gravée et tirée de terre, remerquée soubz le nombre de ceste année 1573... » Voyez ci-dessus, *année 1504 et 1531*.

1573. — Le chapitre suivant extrait de la *Prosopographie* d'Antoine du Verdier (page 491 de l'édition de Lyon 1573, in-4°), nous offre sur la banque de Lyon, un jugement aussi défavorable que celui qu'en a porté Bodin dans sa République, livre VI, ch. 2 :

« Au commencement du règne du roi François premier du nom (voyez ci-dessus, *année 1543*), les banques furent introduites en la ville de Lyon par estrangers : inuention tres-dommageable, ne tendant qu'à la totale ruine

---

(1) » Je laisse à penser, dit Rubys, combien ces sangsues d'usuriers le vendoyent à crédit (le blé) au bonhomme. » *Priviléges*, p. 30. — Lyon, au commencement de cette année, éprouva toutes les rigueurs de l'hiver. Le Rhône fut entièrement gelé. M. de Mandelot fut obligé de faire rompre les glaces afin que les moulins pussent fonctionner. Rubys, livre cité, p. 5 de la dédicace.

(2) Il mourut la même année et fut inhumé dans l'église des Jacobins. *Biogr. Lyonn.*

(3) Grégoire de Tours, s'il faut en croire l'auteur d'un article inséré dans les *Nouvelles archives du Rhône*, II, 50, rapporte que de son temps, la France fut envahie par des sauterelles qui dévorèrent les moissons, et sur lesquelles on lisait ces mots : *Ira Dei*. L'auteur de l'Histoire des Francs a parlé de ravages exercés en divers lieux par des sauterelles (IV, 20; VI, 33 et 44); mais nous n'avons pas su trouver l'endroit où il a dit qu'on lisait sur leurs ailes : *Ira Dei*.

des hommes , bien que ces gentils banquiers dient que par leur moyen s'entretient l'humaine société : mais, je vous prie , voyez quelle palliée couverture. On peut assez connoistre leur dire estre faux : car si un homme prend deniers d'eux, le voilà empestré de telle façon que c'est grand cas si jamais il se remet. Et s'il leur en baille pour les faire profiter et avoir (comme on dict) argent en banque , après qu'ils ont faict lever de grandes sommes de deniers , ils s'en vont en Espaigne ou en Angleterre, en Sicile ou à Constantinople , et ailleurs , puis allez les chercher, ou attendez en bien les nouvelles jusques à leur retour qui sera aux calendes grecques ou à Nostre Dame de may. Ainsi font belle et bonne banqueroute, belle et bonne pour eux , laide et mauvaise pour le pauvre creancier. Leur dix pour cent de foire en foire , leur interest de l'interest, leur *cento per cento*, ont causé que l'usure est si frequente pour le jourd'huy , qu'il n'est dict fils de bonne mère , qui ne prend usure sur le prochain, et encores s'en glorifie-t-on... » Du Verdier a joint à cette invective, *la vie d'un grand usurier* qu'il ne nomme pas, et dont il avait sans doute été la dupe.

1573. — Le passage qu'on va lire est tiré de la préface de l'édition des œuvres de St. Irénée , publiées par le cordelier Feu-ardent, et dédiée à Charles de Bourbon : « Anno 1573, quum è Delphinatu redeuntes una cum exacti judicii viro *F. Mathurino Quadrato* sodalitii nostri S. Theologiæ ac linguarum professore , Lugdunum appulissemus, et aliquot ibi dies feriati, cum calvinianæ scolæ ministro præcipuo, non indocto certe homine, quem *D. Angelum* vocabant , in vico *Mercimonii* ad insigne *Fontis*, ejus in hospitio disputationem instituissemus, quo pacto contra Arium , filium patri esse consubstantialem ; vel contra Nestorium, Christum unica hypostasi in duplici natura consistere ; B. Mariam verè Dei matrem esse , vel certe Spiritum Sanctum à Christo procedere , ex solis iisque apertis et manifestis, Scriptura verbis evinceret ; multis hinc inde quatuor horis productis, dilutis atque discussis, tandem hæsit nebulo , et quo se verteret non habuit aliud præter Pontificum, Patrum, Martyrumque scripta et Conciliorum Decreta, à se prius superbè aspernata... »

1573. — Gabriel de Saconay , précenteur et comte de l'église de Lyon , un des plus ardents antagonistes des Protestants, public un nouvel écrit intitulé : *Généalogie et fin des Huguenaux* , etc., à Lyon , par *Benoist Rigaud* , in-8°. Il paraît que cet ouvrage fut composé immédiatement après la St-Barthelemi , car le privilége est daté du 18 octobre 1572. L'auteur qui ne voit que des singes dans les disciples de Luther et de Calvin, les appelle *Huguenaux*, c'est-à-dire, *Guenons de Hus*. Du Verdier, p. 319 de la première édition de la *Prosopographie*, attribue cette ridicule étymologie à un prédicateur de Paris. L'invective de Saconay contient quelques faits qui ne devront pas être négligés par les historiens Lyonnais ; les principaux sont aux fol. 33 et 34 , 96 et 97. Ce volume est orné d'un frontispice et de deux gravures dans lesquelles les Protestants sont représentés avec des têtes de singe. Les mêmes gravures se trouvaient déjà dans un autre ouvrage de Saconay, le *Discours des premiers troubles advenus à Lyon* , publié en 1569. On les retrouve encore dans le poëme *de Tristibus Franciæ*, publié en 1840, par M. Léon Cailhava, d'après le manuscrit de la Bibliothèque de Lyon. L'auteur de ce poëme est resté inconnu ; mais il est certain qu'il le composa après la mort de Saconay, arrivée le 8 août 1580. Il y est, en effet question, p. 116 , du départ de Mayenne et de Mandelot pour le Dauphiné; or, on voit dans nos régistres consulaires, que Mayenne partit de Lyon le 23 août 1580 , et Mandelot le

25 du même mois. La 39e figure du poëme *Tristibus Franciæ*, représente *le siége* de la ville *de Murat* en Auvergne. Il y en avait une 40e qui représentait le luxe, la vanité, le libertinage et plusieurs autres vices qui régnaient alors dans la France ; mais le feuillet sur lequel elle se trouvait, avait déjà été arraché lorsque Delandine décrivit le Ms, puisqu'il dit que le dernier dessin représente le *siége de Murat*. Ce manuscrit avait appartenu à Jean-Ferdinand Michel, chanoine d'Ainay, qui le tenait, à ce qu'on croit, du fameux bibliographe *Michel Brochard* (et non *Bochard*, comme l'appelle Pernetti, II, 294), dont les livres furent vendus en 1729, sur un catalogue mentionné dans le *Journal des savants* de la même année, p. 423. L'abbé Michel mourut le 14 décembre 1740. Avant sa mort, il avait vendu sa bibliothèque à la ville de Lyon, moyennant une rente viagère, et le Ms. *de Tristibus* en faisait bien certainement partie, puisqu'il porte l'ancien sceau de la première bibliothèque de la ville de Lyon, fondée par l'avocat Pierre Aubert, en 1731. Un savant humaniste, M. J. Quicherat, a consacré un article fort intéressant au *de Tristibus* dans la *Bibliothèque de l'école des Chartres*, II, 402 ; mais il s'est trompé quand il a dit que le poëme finit en 1586 ; nous ne croyons pas qu'il aille au-delà de 1580. Voyez le *Réparateur* du 16 mai 1841, et l'*Artiste en province* du même jour.

1573. — « Le caresme de *cette* année, prescha à Lyon, au couvent des Cordeliers de St. Bonaventure, ce torrent d'éloquence et second Chrysostome en sçavoir et en bien dire, Frere François Panicarole (*Panigarole*), de l'ordre desdits Cordeliers, et depuis evesque d'Ast, sorti d'une noble et ancienne famille de Milan. Il faisoit toutes les semaines trois sermons contre la doctrine de Calvin, et appeloit ces sermons ses *Calviniques*, parce que, en iceux, il refutoit, les livres au poing, les blasphèmes et erreurs de Calvin. Il récapitula en un seul sermon, prenant congé après Pasques, sommairement tout ce qu'il avoit presché par jour tout le long du caresme, faisant par là une preuve très signalée et manifeste du bonheur de sa mémoire. » Rubys, *Hist. de Lyon*, p. 422, *Arch. du Rh.*, VIII, 93. — Panigarole était déjà venu à Lyon en 1571 ; il y revint, en 1589, avec le cardinal Caietan et Robert Bellarmin. Gilbert Génébrard, archevêque d'Aix, s'y trouvait aussi. Pierre Bullioud, procureur du roi au siége présidial de Lyon, eut l'honneur de recevoir chez lui ces illustres passagers, auxquels il donna, dans sa maison, rue du Bœuf, un repas qui fut appelé le *festin d'Agathon* ou des *Sept sages*. Les deux autres convives étaient le P. Bernardin Castorius (ou Castor), recteur du collége de la Trinité, et Matthieu de Vauzelles, avocat, fils d'un autre Lyonnais du même nom, mort en 1562). Colonia, II, 715. Voyez ci-après année 1589. — Les *Leçons* (ou sermons) *catholiques* de Pani-garole, *prononcées à Thurin l'an 1582, par le commandement et en présence de Charles-Emanuel duc de Savoye*, etc. ont été traduites *de l'italien en françois*, par Gabriel Chapuis, Tourangeau, et imprimées à Lyon, par *Ian Stratius*, 1583, in-8°. La dédicace du traducteur à Pierre Gondy, *evesque de Paris*, est datée de Lyon, ce dernier jour de mai 1583. Le Duchat dit dans ses notes sur la *Confession de Sancy*, p. 367 : «Il y a de Panigarole un volume in-4° de sermons « violents et séditieux qu'il prononça à Paris, pendant le dernier séjour qu'il « y fit, et notamment durant le siége ; ces sermons *ont été* imprimés à Lyon « avec privilége du duc de Mayenne, comme chef de l'Union... » Ce volume qui n'existe dans aucune des bibliothèques de Paris, n'existe pas non plus dans celle de la ville de Lyon. Voyez les *Prédicateurs de la Ligue*, par Ch. Labitte, p. 125.

1573. — Nicolas Nicolaï, sieur d'Arfeuille, gentilhomme dauphinois, premier et ordinaire cosmographe du roi, dédie à Catherine de Médicis, sa *Générale description de l'antique et célèbre cité de Lyon, des pays de Lyonnois et de Beaujolois, selon l'assiette, limites et confins de ces pays.* — Le manuscrit de cet ouvrage resté inédit, se conserve à la bibliothèque du roi. L'auteur est mort en 1583. On a de lui plusieurs ouvrages imprimés, cités dans la *Biblioth.* de du Verdier et dans celle du P. Le Long. Il n'a pas d'article dans la *Biogr. univ.* Voyez les *Arch. du Rhône*, v, 151.

1573. — Mort de François Sala, sieur de Mont-Justin et de la Coste, chevalier de l'ordre de St-Michel, échevin en 1541, 1571 et 1570, capitaine de la ville de Lyon de 1542 à 1569, possesseur d'une bibliothèque riche en manuscrits. (*C. B. Mélanges*, p. 334; P. Paris, *Manuscrits françois de la B. du roi*, ii, 213) — «Suivant Pernetti, i, 377, le Consulat avait accordé «à son père en 1504, une rue qui porte encore son nom.» Voyez aussi la *Biogr. Lyon.*, p. 268. Il est à présumer que le père de François Sala, était *Pierre Sala*, seigneur de l'Antiquaille, en 1513, à moins que ce ne soit *le Nicole Sala* dont la *Bibliothèque de l'école des Chartes*, ii, 281-85, nous a tout récemment révélé l'existence, dans un article qui nous a paru trop intéressant pour ne pas être reproduit.

COMBAT DE FRANÇOIS Iᵉʳ CONTRE UN SANGLIER.

«Voici un traict de gentillesse du roi François Iᵉʳ, qui mérite d'être signalé aux curieux, d'autant que les historiens *n'en ont pas parlé*, et qu'au demeurant il montre mieux que ne font les pompeux discours comment ce vigoureux Valois savait bailler une estocade. L'anecdote nous est garantie par un vieux serviteur de la maison du roi, qui l'a consignée dans un livre destiné à François Iᵉʳ lui-même. Ce livre qui fait partie des Mss. de la Bibliothèque royale (1), est singulier entre plusieurs moins à cause des histoires qu'il renferme, que parce qu'ayant été composé par un courtisan pour le roi son maître; cependant l'offre en a été gratuite et désintéressée. Du moins c'est ce que l'auteur se plaît à affirmer dans ce quatrin dédicatoire :

> Vostre loyal serviteur, et subget
> Obeissant, vous envoye ce get
> Dont nul avoir il ne quiert, ne pourchasse
> Fors ung petit de vostre bonne grace.

«Le bonhomme s'appelait Nicole Sala. Il avait été varlet de Louis XI et de Charles VIII, panetier du dauphin Orland (fils de Charles VIII), maître d'hôtel de Louis XII. François Iᵉʳ, à son avénement, l'envoya finir tranquillement ses jours dans son hôtel de l'Antiquaille à Lyon (2). En reconnaissance de ce bienfait, Nicole Sala, qui était quelque peu clerc, s'avisa de composer, *malgré la goutte et la colique*, un livre qui pût servir ensemble à l'a-

(1) *Supplément français*, n° 119. Lenglet Dufresnoy, dans son Histoire de Jeanne d'Arc, a donné un curieux extrait de ce Ms. relatif à la Pucelle, t. 2, p. 49. Note des éditeurs de la *B. des Chartes* qui auraient pu ajouter que le P. Labbe en a aussi donné un extrait, t. 1, p. 714 et suivantes de son *Abrégé royal*, et que le *Combat de François Iᵉʳ contre le sanglier* fait partie de cet extrait. Toutefois nous ferons observer que le Ms. extrait par le P. Labbe, portait le n° 180 de la Galerie. Voyez Lelong, *Biblioth.*, n° 26966.

(2) «Tous ces détails sont tirés du prologue de N. de Sala.»—Ajoutez-y que N. Sala suivit Charles viii, en la conquête de Naples. Voyez le P. Labbe, *loc. laud.*»

musement et à la glorification de son jeune souverain. Il a choisi pour thème
les Hardiesses des grands rois et empereurs. A l'exemple des beaux écrivains
de son jeune temps, il prend son début dans une apparition fantastique.
Quatre divines pucelles viennent s'ébattre et deviser sous son toit. On arriva
à parler du *beau François*, de ses gestes à Marignan. Sur ce sujet les demoi-
selles sont intarissables. Les vers (car elles parlent en vers) leur pullulent
à la bouche pour vous délayer les moindres détails dans le plus de mots pos-
sibles. C'est l'amplification des on dit du jour. L'une vante l'intrépidité du roi
qui lui fait endosser son armure fleurdelisée pour être mieux connu de tous ;
l'autre raconte avec quelle dextérité il s'est débarrassé par trois coups de
taille de sept Suisses qui l'entouraient à un moment. Une autre lui met dans
la bouche un discours semblable à celui qu'au dire de quelques uns, le roi
Philippe-Auguste tint avant la journée de Bouvines... Suivent les louanges de
Louise de Savoie, toujours inséparables de celles de son fils dans les panégy-
riques de ce temps-là ; après quoi Nicole Sala est mis en demeure, par ses vi-
siteuses, de raconter quelque chose à son tour. Il accepte volontiers la partie,
mais en narrateur impitoyable, car ayant commencé son récit par le combat
de David et de Goliath, il le continue en suivant l'ordre des temps jusqu'à
l'action qu'on va lire, laquelle eut lieu le 26 mai 1515 (1).

« Ce fut au temps que le bon roy François fit le mariage du gentil duc de
Lorraine et de madamoiselle Renée de Bourbon. En ces nopces il ne faut demander quelle compaignie y fut, car je vous peux bien dire qu'elle pouvoit
estre comparée aux assemblées qui se soulloient faire en l'hostel du bon roy
Artus : car tant y eust à celle feste de princes, princesses, dames et damoiselles, chevaliers et gentilz hommes, que tout le chasteau d'Amboise en fut
plein. Le roy qui sans cesser ne faisoit que penser comment il pourroit de
jour en jour donner plaisir à cette belle compaignie, s'aduisa entre aultre
passe-temps qu'il enverrait ses veneurs en la forest d'Amboise pour illec
trouver le moyen de prendre, à force de cordes, quelque vert sanglier de
quatre ans, et le lui amener tout vif. Ce qu'il commanda fut fait : car ung tel
comme il avoit devisé fut prins et mis dedans ung grand coffre fait de groz
barreaux de chesne bien bendé de fer, propice à ce mestier : et apres avoir le
trappon du coffre bien fermé, mis fut sur ung char, et trainé jusques dans la cour
dudict chasteau, le roy qui moult désiroit de, en ce lieu, le combattre corps à
corps devant les dames, en fust destourné par les prieres de la royne et de
madame la regente sa mere : si s'en souffrit pour l'amour d'elle, et se pensa
alors qu'il feroit attacher des fantosmes à cordes au milieu d'icelles, pour veoir
comme celle furieuse beste les assauldroit de prime veue. Sa bauge estoit faicte
à ung coing, toute couverte de branches et feuilles.—Or, y avoit-il à l'environ
la court du chasteau, galleries basses et haultes et quatre viz (escaliers) par
où on entroit et montoit aux galleries. Tous ces passages estoient très-bien
bouchez de groz bahuz, coffres et aultres choses pour empescher le sanglier
d'entrer es galleries, lesquelles estoient pleines de gens que les ungs mon-
toient sur les aultres. Le roy qui s'estoit mis sur la gallerie entre le portail et
les chambres de la royne, qui estoient presque devant le puis, devisant

(1) « Il y a toute apparence que le beau Ms. de la B. royale fut exécuté cette même année
1515, et que Nicole Sala le tint prêt pour l'offrir au roi lorsqu'il reviendrait de la guerre
d'Italie. C'est ce qu'on peut inférer tant de la composition du livre, que du frontispice en
miniature dont il est orné. On y voit le quai de l'Archevêché de Lyon et l'église de St-Jean ;
derrière s'élève la montagne de *Fourvières* : Notre-Dame au sommet, sur la croupe l'hôtel de
l'Antiquaille. Le roi s'achemine vers cette résidence, et Nicole Sala qui est venu à sa rencontre,
lui fait à genoux l'hommage de son livre. »

avecques ses gentils hommes, attendoit que les dames fussent acoustrées et
aranchées pour voir à leur aise, et quant temps seroit de commander que la
trappe fut haulcée, et getter le sanglier hors pour voir ses escarmouches. Le
roy doncques voyant son poinct, fait signe à ceulx qui la charge avoient, de
hausser le trappon pour faire ouverture à la maulvaise beste ; ce qui fut tost
fait. Si en sortit hors tres-furieusement le sanglier héricé et tarquetant ses
marteaulx (faisant claquer ses défenses), qui sembloit que ce fussent orfè-
vres. Aux fantosmes s'en vint de course, et à sa grant dent les commença à
dessirer, et les faisoit tournoyer çà et là autour des cordes, qu'il sembloit
que ce fussent joueurs de souppresses. Cette maulvaise beste s'amusa ung
temps après ces fantosmes. Ceulx qui estoient aux galleries basses la araul-
doient (lui crioient après), et il revenoit à eulx de course ; mais il ne pouvoit saillir si hault. Il alloit tournoyant tout autour, une fois le trot, aultre-
foiz la course, et tant vira par léans qu'il vit à l'entre de la vis qui estoit
auprès du portail une brèche mal taudissée, par où il luy fut bien advis qu'il
passeroit. Si vint heurter d'un grant zélant (eslan) à celle entrée, si fort
qu'il renversa les deux coffres qui le passage estouppoient tellement qu'il
entre ès premières galleries.

Il ne fault demander si ceulx furent espouvantez qui léans estoient. Ilz se
essaient de reculer, mais ilz ne peuvent pour la presse qui y estoit si grande.
Les ungs se prindrent à monter sur l'acoudouer des galleries et embrassoient
les piliers pour se jecter en la court, si besoing eust esté. Et ne se faut point
esmerveiller si l'on y devoit avoir peur, car ilz n'avoient nulz bastons propices à eulz deffendre d'une si cruelle beste ; avecques ce que l'ung eust empesché l'autre. Toutesfoiz le sanglier ne vint point à eulx, ains s'en va monter la vis dudict portail. Si prent son chemin droit où estoit le roy, lequel
se fust bien gesté dedans la chambre de la royne s'il lui eust pleu ; mais il
ne daigna, ains fit reculer à son dos tous ceulx qui en sa compaignie estoient.
et voulut attendre le sanglier tout seul pour voir qu'il voudra faire ; mais
ce fut par une aussi grande assurance comme s'il eust veu venir à luy une
demoiselle. Ne demandez pas en quelle fréeur fut lors la royne et madame
la régente, voire toute la compaignie, qui en tel péril veoient le roy. Nul
n'ozoit passer son commandement de se mectre entre deux, combien que
cinq ou six de ses gentilz hommes le voulsissent faire ; mais il ne le souffrit.
Le sanglier d'entrée venoit à luy tout le pas. Le roy qui jamais n'étoit sans
une bonne forte espée tranchant et poignant ceinte à son costé, y mit la
main, si la tire. Quant le sanglier se voit approuché de luy environ la longueur de deux toises, si s'empreint de grant viveté pour luy cuyder donner
de sa dent parmy la cuisse et luy faire playe mortelle. Mais le roy qui est
hardi et assuré, desmerche ung demy pas et de celle bonne espée qu'il tient
au poing, lui donne de pointe en l'escu (poitrail), par une si grande force
qu'il la lui passa tout au travers du corps. Le sanglier se voyant atainct laisse
le roy, et s'en va descendre par l'aultre vis qui estoit devant le puis, et
marcha dedans la cour environ cinq ou six pas, puis tomba mort. Vous ne
sçauriez pas croire la joie que la royne et Madame eurent quant elles virent
le roy eschappé de ce péril. — Soyez seures, Mesdames, que de toutes
les contenances hardies que je vis oncques, ce fust celle du gentil roy
François ; et ce que je vous ay dit, je vis à l'ueil ; et ne croy point que
oncques hardiesse du roy fut plus gaillardement esprouvée que celle fut. »
— «... Car j'ay tousiours ouy dire que celuy qui asseurement attend un san-
« glier attendra bien un homme. » Cette dernière phrase termine le récit
dans le Ms. cité par le P. Labbe.

1574. — *Janvier* 6. Mort, dans le couvent des Cordeliers, de Jean Henricy, surnommé le *Fléau des hérétiques*, évêque de Damas *in partibus*, et suffragant d'Antoine d'Albon, archevêque de Lyon. *Biogr. lyonn.* — L'évêché de Damas, après la mort d'Henricy, fut donné à Jacques Maistret, de l'ordre des Carmes, qui succéda aussi à Henricy dans les fonctions de suffragant de l'archevêque de Lyon. Maistret fut un des plus fougueux partisans de la Ligue. Des lettres-patentes du 15 janvier 1597 ordonnèrent la saisie de ses biens, « comme prévenu d'attentat contre la personne du roi. » Alors il s'était réfugié à Aix en Savoie (et non en Provence), et il y mourut le 6 juin 1615. La bibliothèque de Lyon possède l'exemplaire qui lui a appartenu du *Compendium* de Robert Gaguin, Paris, 1497, in-fol., édition décrite par M. Brunet, suppl., ii, 60, et citée par Delandine, *Catal.* (Hist.), ii, 403. Jacques Maistret est auteur d'écrits théologiques. Voyez son article dans *la Biogr. lyonn.*, et ci-après, au 21 février 1595.

1574. — *Janvier* 18. Gilles Garnier, natif de Lyon, est, en exécution d'un arrêt du parlement de Dole, brûlé dans cette dernière ville « pour « avoir, en forme de loup-garou, ayant mains semblant pattes, dévoré « plusieurs enfants, et commis autres crimes. » Laroche-Flavin, *Arrêts du parlement de Toulouse*, l. ii, titre xii, art. ix. *Biogr. lyonn.* — La véritable date de l'arrêt qui a a été imprimé à Paris et à Lyon, en 1574, est le 16 janvier 1573, v. s., 1574, n. s.

1574. — *Janvier* .... Mandelot convoque au palais de Roanne les officiers de la justice et les consuls échevins, afin de présenter au roi trois sujets pour l'office de procureur du roi, vacant par la mort de *Pierre Bullioud*, (1). Après cette nomination, on fit une semblable présentation au roi pour l'office de lieutenant du guet à Lyon, mais ce qui est remarquable, c'est qu'ayant fait ces nominations, l'assemblée se crut en droit de présenter au Pape le prieur des Jacobins de Lyon, afin que Sa Sainteté le nommât suffragant de l'archevêque de Lyon (Antoine d'Albon qui s'était démis de son siège, l'avait laissé vacant). — Vers le même temps, il fut encore question de solliciter du roi l'établissement d'un parlement à Lyon, ainsi qu'il avait été arrêté, en *avril* 1569, d'en faire la poursuite auprès de S. M., ce que les guerres et les troubles avaient empêché. S. — Déjà une première tentative avait été faite à ce sujet, en 1536, durant le séjour de François Ier, dans notre ville. Claude de Bellièvre, ancien échevin, adressa à ce prince, au nom de ses concitoyens, une *Requête*, écrite en latin.... pour establir parlement à Lyon. » Cette pièce se trouve à la fin de son *Lugdunum priscum*, dont le manuscrit original, resté inédit, se conserve dans la bibliothèque de l'Ecole de médecine de Montpellier. Comme elle nous a paru assez curieuse pour mériter de voir le jour, nous l'offrons à nos lecteurs :

LUGDUNENSES REGI....

« Octavius Augustus Munatio Planco viro consulari et pretorio procurante Lugdunum condidit, primamque et summam judicialem sedem esse jussit, ac pro Celtica Lugdunensem sedem nominavit : Jubeas, christianissime Rex, senatorii ordinis antiquum decus restitui, et eris nobis secundus conditor

(1) Ce *Pierre Bullioud* était probablement de la même famille qu'un autre *Pierre Bullioud* qui fut aussi procureur du roi au siège présidial de Lyon, et qui mourut le 7 septembre 1597. *Biog. lyonn.*

felix imperii semper Augustus. Sic Camillus urbis à Gallis incensæ restaurator, secundus Romulus dictus est, longè melior ac beatior quam qui condidit.

Ad tuendum hujus regni precipuum limitem et late arcendos finitimos populos nullum militare præsidium neque autoritate, neque perpetua fide firmius constitui potest quam si hic togatos, Rex optime, liminarchas preficias. Et quemadmodum Justinianus imperator præfecto pretorii Africæ curam demandavit ut in trajecto Hispaniæ is observaret quid in Hispania et Francorum Gallia ageretur, consentaneum est ut in hoc celeberrimo Galliarum emporio, præfectos pretorio constitutos habeas ad presentiendum observandumque quid finitimi Allobroges, Sequani, Helvetii, Germani, quid et factiones Italiæ moliantur.

Lugdunenses Galli sunt juris italici, xii tabularum leges ac jus civile scriptum semper illibate retinuerunt, Ceteri autem sub Parisiensi ditione suprema constituti ab hoc prescripto juris abhorrentes ferme propriis utuntur consuetudinibus. Quis non putaverit æquum tribunalibus disjungi quos cœli temperies legumque et morum manifeste separat diversitas?

Quis civium nostrorum non misereatur qui, veluti hyperboreæ grues aut emissarii Arabes, pro levibus plerumque litibus et appellationum nugis dirimendis, per trecentum milliaria magno sumptu cogantur assiduè Parisios commigrare?

Externis planè mercatoribus odiosum quibus sit facilius Taprobanam, Calicutium aut Catheios navigare quam ex immenso illo Parisiensi pelago litigatricem navem vix triennio toto reducere. Civili quoque lege sancitum est à longinquis regionibus justitiæ implementum non esse requirendum, nec his incommodis plebem affici debere ut pro pecude, porcello, forsan, vel gallina seu alia quapiam re exigua, ad remotas provincias ingemiscentem ferre inopiam compellantur. Vide, serenissime princeps, quam perspicua sit hujus parlamenti publica utilitas et urgens necessitas.

Æquo animo ferrent Lutetiani, si non eodem luto semper volutemur et abjecto vetere fermento simus azimi, nec est quod querantur ipsi, tanta et inexplicabili litium multitudine ad nauseam usque onasti, si hanc provinciolam veluti tenuem vestimenti fimbriam ab his divelli desideramus. Concedant hoc nobis non gravate memores majores suos Lugdunensi aræ et primæ ibi judiciariæ potestati olim colla subjecisse. Priscæ autem hujus nostræ ditionis ingens est et fidele testimonium adhuc vigens primatialis sedes Lugdunensis, quæ Parisios, Senones, Carnutes, Genabenses, Turones, Andes, Armoricas civitates, Heduos et universam Celticam in jurisdictione ecclesiastica late complectitur.

Supremi consilii plantulam in Dombis nobis dedisti, et miramur quod illa in ubere gleba et irriguis campis non crescat. Sane, ô Rex inclite, nisi nobis irradiaveris, et solem justitiæ amplificaveris ac incrementum dederis, non crescet. Emitte spiritum tuum et creabuntur, et renovabis faciem terræ, rivos ejus inebrians, multiplica genimina et lætabitur germinans.

Tholosam, Rhotomagum, Burdegalam, Divionem, Gratianopolim, Aquas Sextias, urbes parlamenteas, si non superamus, saltem æquamus loci dignitate et antiquis ornamentis, jucundâ cœli facie, nobilissimis fluviis in hanc peninsulam confluentibus, emporio famigerato, opportuno ex terrarum gentium accessu et successu, annonæ copia, splendidis ædibus, populi comitate, virorum eximiorum honestissimo ordine, ac omnium hominum in te virum principem integerrima fidelitatis constantia. Quid plura! Jure igitur citra contentionem et invidiam adæquatos petimus honores.

Desideras, ô Rex opulentissime, tuam Galliam in hoc regni frontispicio florentissimam et admirabilem reddere; da senatum, et civitatem habebis omnibus numeris absolutam, longè ornatiorem quam si mille pyramides, colossos, fornices, aquæductus, thermas, amphitheatra et id genus vulgi oblectamenta instruxeris.

Europæ feruntur tria maxima flumina ab eodem propemodum Alpium jugo nascentia : Danubius, Rhenus et Rhodanus : ergo tuum Rhodanum una clarissima et bene dotata comitate fac insignem : tunc Rhenum cum sua Agrippina Colonia, et Danubium cum sua Buda facile despiciemus.

Secundas Athenas et in eis, fecundissimos græcæ atque latinæ eruditionis oratores et causidicos sacra illa Ara olim nobis ædificavit et præstitit; certe fausta illa sidera, quæ tunc nobis fulserunt non sunt dimota, nec defecit fecundus ille terræ genius qui in hanc diem plurimis litteris et virtutibus præstantes promere non desinet, quorum bona pars in tuas parlamenteas curias à te, ó Rex prudentissime, ascita, non sine laude præsidet. Itaque operæ pretium ac facile fuerit ut hic senatum bonis auspiciis feras cum prompta habeas felicium ingeniorum seminaria.

Tullius Servius Romanorum rex urbis Romæ pomerium ampliavit, duosque colles Viminalem et Quirinalem urbi adjectos novis mœnibus inclusit, ac regiam illic transtulit, quod celebrior esset locus et novis edificatoribus et incolis frequentior. Nos tuo auspicio, magnificentissime Rex, collem unum latum patentem Allobrogibus obversis novo muro validissimo quidem et hostibus tuis terrifico cinximus, sed interius toto colle nuda est area, ædibus et propugnatoribus vacua. Jube modo illic parlamenteum palatium statui, et extemplò nova tecta, densos viros, frequentissimos civium ordines in populosam civitatem consurgere lætaberis. Quæ non minus erit perpetuum tuæ magnitudinis monimentum ad immortalem tui nominis gloriam, quam fuerunt Alexandria magni Alexandri, Antiochia sui Antiochi, et Bizantina Constantinopolis sui Constantini magni.

In Cæsarum familia firmato imperio Romani imperatores et duces ad Gallicas, Britannicas, Germanicas et Hispanicas expeditiones è Lugduno tanquam è tutissima specula et Palladis arce ingentium bellorum sumebant auspicia et propitiatis diis ad aram maximam de summis rebus consilia inibant arma et latos exercitus velut è Martis officina recensebant, tantusque erat nobilissimæ Lugdunensium coloniæ favor et cumulatus honor, ut ex eadem permultos insignes virtute viros ad amplissimum Romani senatus ordinem allectos et patribus conscriptis annumeratos fuisse legamus. Extat hujusce rei recens simul et antiquum ac locuples testimonium nobilis illa tabula ænea nuper in prædicto colle effossa quam Germanicus in memoriam Drusi patris posuit et dicavit. Hic est ille Drusus Tiberii Cæsaris frater, vir rebus gestis clarissimus, qui primus sub Augusto de Germania justum triumphum egit, et diu cum uxore Lugduni diversatus, genuit eumdem Germanicum ac Claudium postea imperatorem, eo die natum quo primum ibi Ara illa dignitatis eximiæ à LX Gallorum gentibus, totidem ibi statuis positis, divo Augusto fuit consecrata. Noster autem Germanicus à Tiberio adoptatus incomparabili virtutis præstantia omnium laudes exuperavit, profligatis iterum Germanis, Germanici cognomen tulit, quem defunctum populus romanus et universus orbis incredibili mœrore luxerunt. Reges quoque ad indicium maximi luctus barbam posuerunt et uxorum capita raserunt. Quid vero hæc tabula è penitissimis hujus civitatis ruinis eruta portendit ? quid presagii est quod nisi te regnante in lucem gestivit erumpere ? Profecto, Rex magnanime, felix illud sæculum in te liberisque tuis summæ spei ac spectatissimæ indolis renovatum iri, et ad inclitas victorias portendi conjectamus, ut te , uti Drusum alterum , hos autem Germanico similes aucto imperio conspiciamus. Ceterum ut tabulæ rationem , et quasi vaticinium , ne dicam fatum , expleas , reliquum est ut nobis senatorios honores restituas , quod bonum faustumque sit tibi et proli generosissimæ.

Domine Rex qui judicas recte , et actionibus tuis assistricem semper habes sapientiam , intellexisti rogationes nostras de longe et funiculum nostrum investigasti : cognovisti novissima et antiqua , largire fidelibus tuis hanc quam ad tuos clementiæ pedes petimus , supremæ tuæ justitiæ unciam unam veluti virgulam ex aromatibus , unciam , inquam , quam in tuæ magnificentiæ et gloriæ libram redundabit ; divina plane erit ista magnificentia quæ te hilarem datorem non imminuet , sed longe ditiorem , potentiorem , sublimiorem , beatiorem , Deo maximo optimo autore , efficiet.

Si quis adversetur , parati sumus ad eamdem aram causam dicere , repetita prisca illa pœna , ut victi in propinquum flumen mergantur.

1574. — *Mars* .... La ville de Lyon fournit un secours de cinq compagnies , de cent hommes chacune , à François de Bourbon , duc de Montpensier , pour faire la guerre aux bandes de Montbrun qui ravageaient le Dauphiné et le Vivarais , et qui, interceptant le cours du Rhône , rendaient impraticable tout commerce par eau. Rubys, p. 424 ; *Arch. du Rh.*, VII, 369 ; J. Morin, V, 266.

1574. — *Avril* 5. Antoine d'Albon fait la dédicace de la nouvelle église de St-Just. Le Laboureur , *Maz.*, II , 22.

*** Nous terminons ici la cinquième partie de ces *Notes et documents*. L'année prochaine , nous publierons la sixième partie qui commencera avec le règne de Henri III.

9 782329 023762